Tatort Kloster
Denkendorf

Reiner Strunk

Tatort Kloster Denkendorf

Unerhörte historische Erzählungen
zu den Lutherjahren 1517 bis 1917

Edition
Evangelisches
Gemeindeblatt

INHALT

VORWORT

Auf die Reformation vor 500 Jahren wird 2017 zurückgeblickt. Die Vorbereitungen zu den Gedenkfeiern sind längst im Gange. Und früh schon wurde politisch entschieden, dass der 31. Oktober 2017 gesetzlicher Feiertag werden solle. Viel Prominenz aus allen gesellschaftlichen Bereichen wird sich einfinden und dem Festtag sowie seinem geschichtlichen Repräsentanten Martin Luther die Ehre erweisen.

Anlass und Gestalt des Jubiläums lassen fragen, wie man es damit eigentlich in früheren Jahrhunderten gehalten hat. Wie wurde Luthers Erbe wahrgenommen und vergegenwärtigt in den Jahren 1617, 1717, 1817 und 1917? Wie am Vorabend des Dreißigjährigen Krieges oder mitten in den Schrecken des Ersten Weltkrieges 1917? Auf welche Weise haben sich tiefgreifend gewandelte Zeitumstände auf das Verständnis des Reformatorischen ausgewirkt, und welche eigentümlichen Farben prägten Luthers Bild in Jahrhundertabständen?

Mir geht es nicht um eine allgemeine historische Betrachtung. Ich möchte erzählen. Denn beim Erzählen kann Vergangenes lebendig werden, sobald Personen und Schicksale, Orte und Ereignisse in den Blick geraten. Dann entwickeln sich anschauliche Szenen, zeitgeschichtliches Kolorit sowie lokale und regionale Atmosphären werden spürbar. In einzelnen Figuren mit ihren Biographien verdichtet sich der Charakter einer ganzen Zeit.

Deshalb wähle ich für den Rückblick auf frühere Jubiläumsjahre der Reformation einen bestimmten einheitlichen Schauplatz: das Kloster Denkendorf. Eine Stätte, die eine bedeutsame religiöse und kulturelle Geschichte durchlaufen hat, und zwar seit den Anfängen der Kreuzzüge, und die mit ihrer Verbindung zu Jerusalem und der dortigen Grabeskirche sogar einzigartig in Mitteleuropa werden sollte. Der Gebäudekomplex mit Klosterkirche, Krypta und Klausur hat bis heute überdauert. Seine ersten Jahrhunderte bis zur Reformation bildeten mit dem Konvent der Chorherren vom Heiligen Grab eine Periode der Beständigkeit, danach wurden Veränderungen zum Kennzeichen der Klostergeschichte. Und immer spiegelten sich in seinem Leben und in seiner Verfassung die aktuellen Ereignisse der betreffenden Zeit.

In den Erzählungen sind Angaben über lokale Verhältnisse und die Klostergeschichte historisch. Ebenso handelt es sich bei einer Reihe von auftretenden Personen um geschichtliche Gestalten, vom Propst Martin Altweg in vorreformatorischer Zeit bis zum Lehrer Gustav Wirsching in der klösterlichen Präparandenanstalt 1917. Nähere Auskünfte über die historischen Gegebenheiten finden sich im Nachwort. – Anderes wiederum, nämlich die erzählten Geschichten selbst und manche der beteiligten Akteure, sind frei erfunden. Mein leitendes Interesse war jedoch immer, sie so in Erscheinung treten zu lassen, dass sie durchaus Teil der lebendigen Orts- und Klostergeschichte hätten sein können.

Denkendorf, im Juli 2015   Reiner Strunk

VORSPIEL –1517: AUFBRÜCHE

Die Pferde beschleunigten ihre Gangart, als witterten sie den heimischen Stall. Sie zogen eine vierrädrige Kutsche, die auf holprigem Weg das Körschtal hinunter stieß und schaukelte, bis man den Fuhrmann anwies, das Tempo zu drosseln: „Wir wollen ankommen im Kloster und nicht umkommen im Bach!"

Im Wagen wurden drei Männer in dunklen Gewändern durchgeschüttelt und verzichteten auf Gespräche, weil der Lärm der Räder jedes Wort verschluckte.

Einer der Reisenden hatte sich in seine Sitzecke gekauert, den Mantel und eine zusätzliche Decke um seinen Leib geschlungen und schlief. Den anderen war unbegreiflich, wie er das anstellte. Er war noch jung und von beneidenswert strahlender Gesundheit, aber derart unbeeindruckt von den Widrigkeiten der Fahrt zu ruhen, setzte sie doch in Erstaunen. „Unser Novize scheint starke Nerven zu haben", rief der eine. „Und ein gutes Gewissen!", brüllte der zweite zurück.

Die mächtigen Ulmen, die die Einfahrt zum Klosterberg säumten, grüßten im farbigen Herbstkleid und reckten ihre Wipfel hinauf in neblige Schleier.

„Schön, wieder auf heimischem Boden zu sein", meinte der Ältere in der Reisegruppe.

„Auch wenn der Himmel uns einen freundlicheren Empfang bereiten könnte", brummte der andere.

Die Umrisse des Turms zeichneten sich ab, mit dem Portal zur Klosterkirche, dem man erst kürzlich einen steinernen Baldachin auf schlanken Stützen vorgebaut hatte. Die Klausur mit ihren Anbauten war nur zu ahnen, wenn man von ihnen wusste.

Während der Novize unverändert in seiner Wagenecke schlief, richteten sich die zwei Chorherren zum Ausstieg. Der Verschlag wurde geöffnet, und der Ältere raffte sein Ordensgewand, um auf den Tritt zu steigen, von dem aus der Klosterhof zu erreichen war. Mitten in dieser

Bewegung brach er jedoch ab und erstarrte. Ein greller Schrei war aus der Richtung des Kreuzgartens herübergedrungen, begleitet von lautem Gezeter und einem Schlag, als wäre ein Tor krachend ins Schloss gefallen. Augenblicke später brach jemand aus dem Nebel hervor, einem Kobold ähnlich, der wild herumtanzte und die Arme aufwarf, als sei er im Rausch oder kämpfe mit unsichtbaren Geistern.

Der Chorherr in der geöffneten Kutschentür war überrascht und fassungslos, und als sein Begleiter neugierig wurde und wissen wollte, was draußen vorging, brachte er bloß einen unverständlichen Seufzer zustande. Das Gespenst auf dem Klosterhof hatte inzwischen angefangen, das soeben eingetroffene Gefährt mit seinen Insassen zu attackieren. Es sprang wie verrückt an der Wagenseite entlang und schrie allerlei Verwünschungen. Von Sodom brüllte der Kerl, vom verdienten Gottesgericht über die verkommene Stadt, die zu Asche werden müsse im himmlischen Feuersturm. Und dabei raufte er sich die wirren langen Haare und wies mit ausgestrecktem Arm zum Kloster hinüber. Und mit einem Mal, wie er unverhofft aus dem Nebel aufgetaucht war, wurde er wieder vom Nebel verschluckt. Er musste um den Wagen herum und in gewaltigen Sätzen zum Hoftor hinaus und hinunter ins Tal gehastet sein.

Zur selben Zeit liefen zwei Männer vom Kloster über den Hof und auf die Kutsche zu, und die Heimkehrenden erkannten einen ihrer Brüder in seiner Kutte, dahinter den Schreiner, der einen Knüppel drohend durch die Luft schwang.

„Hat er was angestellt mit euch?", rief der Mann in der Kutte, bevor er dazu kam, die Reisenden zu begrüßen.

„Einen ordentlichen Schrecken hat er uns eingejagt", sagte der ältere Chorherr, der immer noch gebannt auf dem Tritt des Wagens verharrte; „aber erklärt uns bloß: Was zum Teufel war das für eine Erscheinung? Man möchte meinen, es spuke neuerdings bei euch auf dem Klosterberg!"

Bruder Bernhard hatte endlich den Schritt aufs Klostergelände geschafft und wischte sich mit seinem Ärmel ausgiebig übers Gesicht und die schweißnasse Glatze. Hinter ihm entstieg Bruder Johannes dem Wagen, ein magerer Mensch mit spitzem Kinn und eingesunkenen Wangen, dem man auf Anhieb den Buchgelehrten ansah. Er war weit weniger erregt als sein Reisegenosse und schien dem seltsamen Empfang in der Heimat sogar eine heitere Seite abzugewinnen: „Da fahren wir wochenlang in der Ferne umher, gefasst auf die wildesten Abenteuer, und müssen erst wieder beim Klosterportal eintreffen, um tatsächlich eines zu erleben."

Der Novize hatte ebenfalls den Weg ins Freie gefunden und gab sich Mühe, Anschluss zu gewinnen und sich ein Bild zu machen von Ereignissen, die er leider verpasst hatte.

„Es ist lästig, aber nicht zum Erschrecken", beschwichtigte der Chorherr, der nun auch seine Mitbrüder herzlich begrüßte. „Niemand weiß, wo der Ruhestörer hergekommen ist. Plötzlich war er da, gebärdete sich wie ein Wahnsinniger, brach in die Kirche ein und brüllte lästerliche Dinge. Dann war er wieder fort, wie vom Boden verschlungen oder wie abgetaucht im nahen Klostersee. Im Dorf drunten hat er sich auch herumgetrieben und Anstalten gemacht, die ländliche Luft zu vergiften. Den Bauern setzt er aufsässige Flöhe ins Hirn und dem Kloster und seiner Herrschaft weissagt er ein grässliches Ende."

„Wir hörten etwas von Sodom und Feuersturm", sagte Bernhard und massierte sein bärtiges Kinn.

„Ja, Sodom", bestätigte der andere. „Damit hat er's. Scheint seine Lieblingslektion zu sein in den Heiligen Schriften. Das Kloster samt seiner Geistlichkeit – dies ist ein Schandfleck für ihn auf der Erde. Ich denke, er ist nicht bei Sinnen, aber bei den Leuten im Dorf heißt er der Prophet!"

„Der Prophet", sagte Bruder Johannes nachdenklich. „Propheten künden Unheil, das ist von alters her so gewesen. Unheil und Untergang. Manchmal denke ich: Unsere Zeiten sehen auch aus danach. Viel Aufruhr und noch mehr Auflösung. Die Gottlosigkeit wirkt wie eine rasende Pestilenz, die in alle Poren des Lebens und in alle Ritzen der Welt eindringt, und wir wissen keine Arznei dagegen. Das ist die Zeit für Propheten. Für wahre und falsche. Und mehr als die wahren sind immer die falschen Propheten unterwegs und verdrehen den Leuten die Köpfe."

Am Abend, nach dem letzten Chorgebet, hatte der Vorsteher des Klosters, Propst Martin Altweg, seinen Konvent in den Kapitelsaal geladen. Der schmale Raum mit den großen farbig verglasten Spitzbogenfenstern zur Talseite hin war von zahlreichen Kerzen erleuchtet, und auf dem Tisch standen Pokale mit heimischem Wein. „Glückliche Rückkehrer soll man festlich empfangen", sagte der Propst, „außerdem sind wir gespannt, was es zu berichten gibt."

Auf einem Seitentisch hatte er das goldene und mit Edelsteinen besetzte Doppelkreuz aufgestellt, die Hauptreliquie des Klosters und der gesamten Ordensgemeinschaft. Sie war der Stolz des Propstes und die erlesene Kostbarkeit des Hauses. Ihr Anblick vergewisserte die Chorherren ihrer weit reichenden und tief greifenden Verbundenheiten. Denn das Kreuz stammte direkt aus Jerusalem. Und dort wiederum aus dem Zentrum der Heiligen Stadt, der Grabeskirche und dem Orden der Chorherren und Wächter vom Heiligen Grab Christi. Mit diesem Doppelkreuz des Patriarchen von Jerusalem hatte die Geschichte des Denkendorfer Konvents angefangen. Mit ihm waren Kanoniker aus Jerusalem bald nach der Ersten Kreuzzug im Heiligen Land aufgebrochen, um ein erstes Ordensstift im unwegsamen und waldüberzogenen Germanien zu gründen, unweit des Neckarflusses im Seitental der Körsch. Sie hatten gearbeitet und gebaut und Pilger beherbergt, die aus allen Himmelsrichtungen herbeiströmten, um für ihre Seelen in Denkendorf zu gewinnen, was sonst nur in Jerusalem möglich war: die besonderen Ablässe vom Heiligen Grab.

„Gott sei's gedankt, dass ihr die Reliquie ohne Schäden nach Hause bringen konntet", erklärte Propst Altweg. „Es ist gut, wenn sie gelegentlich über Land geführt wird, um auch in entfernten Orten ihren Segen zu spenden. Aber es ist mir doch immer bang ums Herz, wenn sie die Klostermauern hinter sich lässt und auf ungewisse Fahrt geht. Lumpengesindel lauert überall auf düsteren Waldwegen und auch in verborgenen Gassen der Städte. Dem ist egal, was im Innern des prächtigen Kreuzes eingelassen wurde. Partikel vom Grab des Christus und Splitter vom Kreuzesbalken, die unsere Reliquie einzigartig machen, scheren die Räuber nicht. Sie sehen bloß das Gold glänzen und die Edelsteine funkeln und verkaufen dem Satan ihre Seele, um so einen

Reichtum in die Hand zu kriegen. Aber nun – ihr habt die Strapazen und unser Doppelkreuz hat die Risiken einer langen Reise überstanden. Erzählt, was euch begegnet ist!"

Bruder Johannes nahm einen kräftigen Schluck aus seinem Glas, wischte sich mit dem Handrücken über den Mund und begann zu reden. Von beschwerlicher Fahrt über den Schwarzwald sprach er, wo die Wege nichts taugten und mal voller Steine und Baumwurzeln waren und mal versumpft, dass die Räder einsanken und stecken blieben. Irgendwelche Überfälle jedoch habe es nicht gegeben.

Man sei zur eingeplanten Zeit im schönen Rheintal und bei den befreundeten Chorherren in Speyer eingetroffen, bei denen sie Logis gefunden hätten. Dort habe man auch die Reliquie ausgestellt und öffentlich den Jerusalemer Ablass angeboten.

„Mit welchem Erfolg?", wollte der Propst wissen.

„Mit mäßigem Erfolg", erwiderte Johannes. „Und ich habe mich geschämt", setzte er kaum vernehmbar hinzu.

Die Männer im Konvent stutzten und schauten einander fragend an. Hatte man recht gehört? Sollte es wahr sein, dass Bruder Johannes sich schämte, die kostbare Reliquie auszustellen, die das Herzstück ihres Klosters und den geistlichen Grund für ihre Gemeinschaft darstellte? Der Propst schaute mit geneigtem Kopf vor sich hin und schwieg beharrlich: eine stille Aufforderung an Johannes, mit seinem Bericht fortzufahren.

Der erhob sich von seinem Platz, ging hinüber zur Kreuzreliquie, die er vorsichtig in seine Hände nahm, mit der Andeutung eines Kusses versah und wieder absetzte.

„Es ist ja nicht so, dass ich sie weniger liebte als ihr", sagte er. „Um ihretwillen bin ich hergekommen vor Jahren, habe sie geachtet und heilig gehalten in meinem Herzen. Wir empfinden ja nicht wirklich, was heilig ist, solange es uns nicht entgegentritt in sichtbaren Gestalten. Die Augen möchten schauen, was nicht von der Welt, sondern aus dem Himmel ist. Die Ohren möchten hören auf Stimmen und auf Klänge, die nicht von Menschen herrühren. Die Hände möchten tasten nach dem Wunderbaren, und die Zunge möchte aufnehmen, was den Geschmack des Ewigen in sich trägt. Das verstehe ich alles. Aber ebenso unauffällig wie tödlich tief erweist sich der Grabenbruch zwischen offener Ehrfurcht und verstecktem Verrat."

Unruhe kam auf, die Brüder schoben ihre Köpfe aneinander und tuschelten. Der Wein in den Pokalen wurde nicht angerührt.

„Nur weiter!", raunte der Propst, „mir will zwar nicht einleuchten, worauf du hinauswillst mit deinen Andeutungen, aber ich möchte es gern erfahren."

Bruder Johannes trat hinter seinen Stuhl und stemmte beide Arme auf die geschnitzte Lehne. „Jahrhunderte leben wir und unsere Vorfahren im Orden an dieser Stelle auf dem Klosterberg", fuhr er fort. „Es gab Höhen und Tiefen, herrliche und erbärmliche Tage in unserer Klostergeschichte. Und immer haben wir überlebt und unseren Auftrag erfüllt. Bis auf den heutigen Tag."

Er machte eine Pause und wiegte sacht, aber ausdauernd seinen Kopf, während er den Brüdern um den Tisch eindringlich in die Augen sah. „Bis auf den heutigen Tag, ja! Wir leben und beten im Chor der Basilika und trinken den Wein unserer Pächter und Leibeigenen und erfreuen uns am Anblick der Reliquie und an der feierlichen Liturgie in der Krypta. Doch ein Gespenst sucht uns plötzlich heim und schreit uns Lästerliches in die empfindlichen Ohren. Wohl wahr, vielleicht ist's ein alberner Spuk gewesen oder ein Schabernack, auf den wir nicht weiter achten sollen, nur: wissen wir's denn?

In Speyer haben uns die Freunde von seltsamen Erscheinungen am nächtlichen Himmel erzählt, wie sie niemand zuvor gesehen habe. Da wäre es wie ferner Feuerschein aufgestiegen am Horizont und habe allmählich Formen angenommen wie aus Sonnenglut und Wolkenmassen, und man hätte die Umrisse eines gewaltigen Drachen beobachten können, der sein Maul aufriss und verschlang, was einer Kathedrale ähnlich sah. Und die Freunde beteuerten, es sei das Abbild ihres herrlichen Domes in Speyer gewesen. – Aber nicht genug damit. Eines Morgens hätten Frauen nahe dem Ufer des Rheins aus einem Brunnen Wasser geschöpft – und das sei rot wie Blut und stinkend wie Jauche gewesen, so dass sie ihre Eimer und Schöpfkellen entsetzt in den Brunnen geworfen und das Weite gesucht hätten. Überall munkelte man von geheimnisvollen Zeichen der sterbenden Welt, verstohlen hinter vorgehaltener Hand oder offen auf der Straße, und es seien nicht viele, die ungläubig abwinkten und über die Gerüchte lachten.

Meine Brüder, es sei nun so oder so mit den gespenstischen Dingen, mir reicht schon, was ich an weniger Spukhaftem zu sehen und zu hören bekommen habe. Da rotteten sich welche zusammen in Speyer, genau auf dem Vorplatz des Doms, einige in ritterlicher Aufmachung, Gesellen aus dem Umfeld des Reichsritters Ulrich von Hutten, von dem wir vor Jahren bereits Kunde erhielten durch unseren Gastfreund Reuchlin. Das Volk umlagerte die verwegenen Burschen, weit mehr, als es unsere ausgestellte Reliquie besuchte, und es gab ein ‚Hoch' und ein ‚Hallo' wie beim Empfang höchster Würdenträger. Die Ritterlichen aber hatten Plakate dabei und schimpften über dickleibige Priester, die sich den Wanst mästeten mit den kargen Vorräten der Bauern und ihre Schatullen füllten mit den Notgroschen der Armen. Und dann sieht man sich selber stehen neben der schönen Reliquie, die lauter Segen ausstreuen, aber auch lauter Münzen einsammeln soll, und man fängt an nachzudenken über den inneren Zusammenhang zwischen Buße und Kosten, zwischen reiner Seele und barer Münze;oder ob da vielleicht, beim klaren Licht des Evangeliums betrachtet, gar kein Zusammenhang existiert; dass der bloß künstlich hergestellt wurde beim Sprung über diesen schlimmen Graben zwischen Ehrfurcht und Verrat. Und man beginnt, sich zu schämen."

Einige der Versammelten schnauften vernehmlich, und der Propst nahm seinen Kopf in beide Hände und stützte ihn ab auf der Tischkante.

Johannes rückte seinen Stuhl zurecht und setzte sich wieder, gab aber zu erkennen, dass er mit seiner Rede noch nicht am Ende war.

„Das Ärgste", hob er wieder an, „das wirklich Ärgste von allem traf uns aber erst in Heidelberg. Ihr erinnert euch, dass wir Anweisung hatten, dorthin zu reisen und den befreundeten Konvent der Augustiner zu besuchen. Die heftigen Parolen der Ritterlichen in Speyer hatten wir immer noch in den Ohren, als wir uns Heidelberg näherten und den vermeintlich ruhigen Zonen des Augustinerklosters. Die Hutten-Gefolgschaft hatte ungeniert und laut gegen Klerus und Papst gewettert und gegen die scheinfromme Infamie der Dominikaner. Uns allerdings ließ man ungeschoren. Aber wir konnten schlecht unberührt bleiben von den giftigen Wutreden der Aufrührer, die alles Elend der Deutschen dem Papst in Rom anlasteten. Der Heilige Vater presse das Volk und versklave die Seelen. Und immer wieder skandierten sie das Wort des Hutten, dem erst jüngst die höchste Poetenehre zuteil geworden war durch den Kaiser Maximilian; immer aufs Neue riefen sie:

‚Wann doch kommt es dahin, dass Deutschlands Augen sich öffnen und es erkenne, wie Rom sich's zur Beute gemacht?'

Wir konnten dies böse Epigramm nach Stunden und Tagen noch aufsagen, als wir auf holprigen Wegen in Heidelberg einzogen, und ich verstand es als Anzeichen dafür, dass heftige Winde sich versammelten und bald ein Sturm losbrechen werde über unser Land, wie ihn keiner erlebt hat zuvor.

In Heidelberg wurden wir gastfreundlich aufgenommen. Aber hinter den lächelnden Mienen witterten wir die Spannung, die unsere Freunde erfüllte. Sie wirkten sehr besorgt. Und als wir von unseren Eindrücken und Erlebnissen in Speyer erzählten, lösten sich ihre gebundenen Zungen. Ja, man lebe und bewege sich in aufgeregten Zeiten, bestätigten sie. Die alten Autoritäten bröckelten überall. Bestehende Ordnungen zerfielen. Die Menschen seien unzufrieden und begehrten auf gegen Zwangsherrschaft, gegen die Privilegien der Fürsten und die Würde der Geistlichen. Was man ihnen abverlange, werde nicht mehr stillschweigend entrichtet; was man ihnen zumute, nicht mehr ohne weiteres gebilligt. – Und damit waren wir beim Ablass! Ihr seid auch mit eurer Reliquie unterwegs, sagten sie, um Ablässe von Sündenstrafen zu gewähren und dafür handfeste Zahlungen einzustreichen. Aber nicht mehr lange, denn bald könnte dieses ganze Geschäft krachend zusammenbrechen und nichts davon übrig bleiben als ein schaler Geschmack auf der Zunge und ein flaues Gefühl drunten im Gedärm.

Um es kurz zu machen: Die Augustiner klärten uns auf über die näheren Umstände des ganz großen Ablasses, der von Rom in die Welt hinausgegangen ist. Offiziell diene er dazu, die Mittel für eine Erneuerung und für den Ausbau des Petersdoms zu beschaffen. Doch schleppe dieser öffentlich ausgewiesene Anlass, dem man eine gewisse Berechtigung nicht unbedingt absprechen könne, noch einen fatalen und ziemlich düsteren Anhang hinter sich her, der einen schier verzweifeln lasse an seinem Christenglauben und an seiner Kirche.

Die Sache verhalte sich nämlich so: Da habe der ehrenwerte Erzbischof von Magdeburg, der Hohenzollernspross Albrecht von Brandenburg, seinen gierigen erzbischöflichen Hals anscheinend nicht voll gekriegt und sich, kirchlichem Recht zuwider, mit seinem Magdeburger Amt keineswegs zufrieden gegeben. Er hatte Appetit auf mehr und zeigte lebhaftes Interesse am erzbischöflichen Stuhl zu Mainz. Nicht, um diesen gegen den bisherigen in Magdeburg einzutauschen, sondern um ihn zusätzlich zu kassieren. Weil das jedoch nicht statthaft war, musste man's auf Umwegen und mit Tricks probieren. Und am einfachsten gelingen Tricks gewöhnlich mit einem ordentlichen Haufen Geld. Also bot der brave Albrecht von Brandenburg dem braven Leo in Rom eine Summe von annähernd dreißigtausend Gulden, um mit solcher Bestechung sein doppeltes erzbischöfliches Amt erringen zu können. Und der Papst, der jeden Finanzbeitrag für den Bau seines riesigen Prestigeobjekts in Rom verschwieg und gegebenenfalls auch mit der linken Hand und mit verbundenen Augen entgegennahm, willigte in die anrüchige Geschichte ein. Aber das ist vorläufig bloß der Auftakt! Denn der Hauptakt in diesem Satyrspiel folgt erst danach und betrifft uns alle in diesem abgelegenen Kloster mit. Uns und unsere Verehrung der Kreuzreliquie nämlich samt allen Begleiterscheinungen, die damit zusammenhängen. Der unersättliche Hohenzoller in Magdeburg also versprach dem Papst eine enorme Summe, und es war eine Summe, über die er gar nicht verfügte. Allerdings wusste er, wie man sich dringend benötigtes Geld beschaffen konnte, nämlich leihweise beim reichen Fugger in Augsburg. Der borgte die Tausende natürlich auch nicht aus Güte und Gefälligkeit, sondern verlangte saftige Zinsen dafür. Was den Magdeburger allerdings wenig kümmerte, weil ein Schuldenberg nicht nennenswert bedrohlicher ausschaut dadurch, dass obendrauf noch ein Straßenköter seine Notdurft abgesetzt hat.

Ja, meine lieben Brüder, und wie kommt nun der edle Herr von Magdeburg und Mainz am schnellsten herunter von seinem Schuldenberg? Genau: durch den großzügigen Handel mit Ablässen. Er verschaffte sich päpstlich legitimierte Ablässe, die alsbald hin und her in seinen Landen mit lautem Brimborium angepriesen und verscherbelt werden sollten, und viele um ihr Seelenheil besorgte Christenmenschen zahlen nun in die Kassen, um ihre Gewissheit zu stärken, dass sie einmal ungeschoren davonkommen vor dem himmlischen Tribunal. Der Papst verdient dabei und der doppelte Erzbischof verdient erst recht dabei und obendrein der reiche Finanzmakler in Augsburg. Bloß die Armen bluten.

Jedoch, das ließ sich auch in Erfahrung bringen: Es regt sich allmählich Widerstand! Vor allem bei den Augustinern in Sachsen und im kursächsischen Wittenberg mit seiner vorlängst gegründeten Universität. Die Rede war von einem jungen und mutigen Augustinermönch, Luder oder Luther mit Namen, der sei bereits ein geachteter und beliebter Professor, ein richtiger Feuerkopf und Neuerer. Man schicke Augustiner von Heidelberg schon hinüber nach Wittenberg, damit sie bei Luder in die Schule gingen. Mit allem Nachdruck rücke der die Bibel ins Zentrum aller theologischen Studien. Wie ein Garten sei die Bibel und voller Nüsse, sage er, aber man müsse erst hingehen und die Nüsse knacken, um ans Süße zu gelangen. Von den alten scholastischen Lehren halte er nicht viel. Da hätte man bloß den Heiden Aristoteles zum christlichen Apostel gemacht und baue auf Menschenklugheit der Philosophie. Das sei jedoch Bauen auf Sand und müsse mit Donnern zusammenstürzen, weil es nicht auf den Fels des Gotteswortes gegründet sei.

Und was nun den Ablass angeht, so wisse man nicht genau, wohin es der Professor Luder zu treiben gedenke. Manche in Heidelberg meinten, der Doktor verwerfe den Ablass ganz und gar, weil in den Heiligen Schriften nichts zu lesen sei darüber und weil mit der himmlischen Gnade gotteslästerlich geschachert werde. Andere sagten, der Luder und seine Gesinnungsfreunde stellten den Ablass nicht grundsätzlich in Frage. Gegeißelt werde allein der offenbare Missbrauch. Man wird also abwarten müssen. Und dabei hoffen dürfen."

Johannes schwieg. Die ganze Versammlung schwieg, betreten und ratlos. Nach einer langen Pause erhob sich der Propst, um den Konvent zu verabschieden. „Ich teile nicht alle deine Urteile, Johannes", sagte er, „aber ich weiß, dass du sie getroffen hast nach reiflicher Überlegung. Deshalb respektiere ich sie. Wenn du zu dem Ergebnis kommen solltest, dass du die grundlegenden Bekenntnisse und Überzeugungen unseres Ordens nicht länger mittragen kannst, werde ich dich nicht hindern, neue Wege einzuschlagen. Aber ich würde es bedauern. Die Tage, die auf uns zu kommen, werden unsre alten Sicherheiten zerstören, in dieser Einschätzung bin ich einig mit dir. Wir werden Mut brauchen und Kraft, uns einzulassen auf Veränderungen, die uns vermutlich nicht gefallen. Meiner Ansicht nach muss der Orden vom Heiligen Grab durchaus nicht ewig bestehen bleiben, wie er seit Jahrhunderten bestanden hat. Wenn Gott es zulässt, wird er zerfallen und in den Büchern der Geschichte ausradiert werden. Dann liegt es immer noch an uns, ob es zu einem Ende in Ehren kommen wird oder nicht. Und auf Männer wie dich, Johannes, wird unter solchen Umständen schwer zu verzichten sein."

Die ersten Kerzen an der Fensterseite waren ausgebrannt, und der Raum hatte langsam angefangen, sich zu verdunkeln. Die letzten Tropfen aus den Pokalen wurden getrunken und Gemurmel kam auf, als die Chorherren den Saal verließen. Draußen im Kreuzgang standen noch einige für eine Weile in Grüppchen zusammen. Es gab viel zu bedenken und viel anzumerken nach allem, was vorhin zur Sprache gekommen war.

Der junge Novize zog sich zurück in seine Zelle, ihm war nicht zumute nach Gesprächen. Auf seiner Bettstelle streckte er die Glieder und sah zur Fensterluke hinauf, die vom Mondlicht spärlich erhellt war. Die Nebel vom Nachmittag hatten sich aufgelöst. Irgendwo in den nahen Wäldern kläffte ein Fuchs. Vielleicht war er bei der Jagd, vielleicht fühlte er sich verfolgt und bedroht. Der Novize empfand dankbar, dass er an diesen Ort gehörte und wie sehr er das Kloster liebte. Das Kloster selbst und die Ordensleute, die es bewohnten. Und es erschien ihm ganz unvorstellbar, dass es mit diesem Kloster und seinem Orden ein

Ende haben könnte. Jerusalem war weit, sicherlich, aber mit Jerusalem verbanden sie doch feine und unsichtbare, aber ebenso feste und heilige Fäden. Wer würde sie jemals durchtrennen können? Und wer würde es wollen? War es nicht denkbar, dass sich tatsächlich schwere und fordernde Tage ankündigten, aber dass sie nicht in den Untergang führten, sondern auf Wege und Schauplätze menschlicher Bewährung?

Die alte Marie saß auf einem dreibeinigen Hocker und beugte sich über die Schüssel in ihrem Schoß. Sie schnitt Kohl und gelbe Rüben und schaute nur kurz auf, als der Novize Konrad ihre Küche betrat. Er besuchte sie gern, weil sie seine Ahne war von Mutterseite her und eine liebenswerte und gescheite Person dazu.

„Komm, Junge, setz dich!", sagte sie und musterte den angehenden Ordensmann. „Kann mich noch nicht recht dran gewöhnen, dass du im Kleid der Chorherren herumläufst."

„Mir ist's auch fremd", gestand der Novize.

Er nahm Platz auf einer Holzbank unter dem Fenster und hatte den Blick frei zur guten Stube hinüber und in den Winkel, wo ein geschnitztes dunkelbraunes Kruzifix über einem Steingutkrug mit welkenden Rosen hing.

Konrad musste der Alten erzählen von seiner Reise, und er tat es ausführlich, nur gelegentlich unterbrochen von Zwischenfragen. Ob die Chorherren in Speyer auch ein Heiliges Grab in ihrer Kirche hätten wie in Denkendorf? Und ob es dort ebenfalls Novizen gebe?

Ja, schon, sagte Konrad, aber es sei nicht einfach, Nachwuchs fürs Kloster zu gewinnen. Der Wind wehe in andere Richtung. Wer praktisch begabt sei, strebe ins Handwerk und in die Städte. Wer geistig rege sei, wende sich zu den Wissenschaften, die Universitäten wüchsen wie Pilze aus dem Boden. Da sei der Geist schon gefragt, aber nicht unbedingt der Heilige. Etwas Interessantes tue sich trotzdem in ihrem Orden. Weniger bei den Männern, mehr bei den Frauen.

„Frauen?", fragte die Marie gedehnt.

„Ja, Frauen. Seit kurzem gibt's Frauenstifte vom Heiligen Grab, mehrere schon und alle weiter im Norden, in Flandern."

„Was für ein Unsinn!", entrüstete sich die alte Marie und stellte ihre Gemüseschüssel polternd auf der Tischplatte ab. „Frauen als Chorherren! Am Ende rücken sie auch noch in unser Kloster ein und verderben alles!"

Konrad musste lächeln und erklärte, die Sache mit den Frauenklöstern sei so neu nicht und habe sich im Grunde bewährt. Aber die Alte sah ihn skeptisch von der Seite an und schüttelte den Kopf: „Weißt du, Junge, die Welt ist wie ein Käselaib, der alt und stinkend wird und in dem die Maden wimmeln. Sie vergeht. Und wird zerfressen von Ungeziefer. Vielleicht werden wir's noch erleben, dass die Sterne herabstürzen auf die Erde und Feuer entzünden in den Wäldern, bis alles brennt und die Rauchwolken den Himmel verdunkeln. Der Prophet sagt es auch."

„Der Prophet? Welcher Prophet?"

„Der in unseren Dörfern unterwegs ist und das Gottesgericht ansagt. Hast noch nichts gehört von ihm? Schon zweimal besuchte er den Klosterberg und hat den Chorherren und ihrem Gesinde gepredigt, aber sie haben ihre Ohren und ihre Herzen verschlossen und den Mann fortgejagt."

„Ich war Wochen nicht hier", sagte Konrad, „aber bei unserer Rückkehr sprang uns ein Mensch entgegen, der schrie wildes Zeug gegen den Propst und das Kloster. Er schien nicht gesund im Kopf."

„Täusch dich nicht, mein Junge! Er redet die Wahrheit. Und wenn die Wahrheit entsetzlich ist, will man sie nicht hören und nennt den verrückt, der sie verkündet. Und vielleicht geht es ja, dass man den Propheten verjagt. Aber die Dinge, die kommen sollen und von denen er spricht, wird man nicht wegjagen können."

Die Alte hatte sich erhoben von ihrem Hocker und schlurfte zum Herd, um mit einem Schürhaken die Glut zu entfachen. „Und noch etwas, mein Junge", fuhr sie fort und stocherte im Herdfeuer herum, dass die Funken stoben. „Der Prophet findet Gehör bei den Taglöhnern und Bauern. Nicht bei allen, aber bei etlichen. Und das in Köngen und Berkheim und Altbach und den anderen Orten, die im Besitz eures Klosters sind. In Denkendorf auch. Mein eigener Sohn, der Michel, ist dabei. Er sagt, sie müssen eintreten für ihre Rechte, notfalls mit Gewalt. Der ‚Arme Konrad‘ müsse wieder lebendig und stark werden in seinem Widerstand, sagt er, nachdem man vor Jahren den Aufstand der Remstäler niedergeschlagen und die angeblich Schuldigen geköpft hat, acht an der Zahl. Da sei man zu Kreuze gekrochen und habe sich ängstlich zurückgezogen. Aber jetzt, wo die verlangten Abgaben zunähmen, sagt er, weil die Bauern auch noch die Schulden des Herzogs abtragen sollten, da sei das Maß übervoll. Man bestelle die Felder und habe nicht genug für Kammer und Keller, um selbst über den langen Winter zu kommen. Und Rechte kenne man auch keine, sagt er. Man müsse hinnehmen, was von oben über einen verfügt werde und sollte das bitteschön, sagt er, noch klaglos tun. Aber mein Sohn will es nicht hinnehmen und klaglos schon gar nicht, und der Prophet bestärkt sie nun und findet, sie hätten alles Recht vom Himmel, sich aufzulehnen gegen ungerechte Herren auf Erden.“

Konrad hatte sich rasch und ein wenig verwirrt von seiner Ahne verabschiedet und den Heimweg angetreten. Das Dorf war ruhig. Ein Bauer, der seinen Ochsenkarren führte, zog den Hut und grüßte mit Respekt. Ob er sich verstellte? Und unter der demütigen Maske den Zorn des Aufrührers verbarg? Und vielleicht schon das Messer unter dem Kittel griffbereit hatte? Scheu und ängstlich wie ein verfolgtes Wild sah der Novize sich um. Er passierte Häuser, bei denen die Türen offen standen, als seien sie vorbereitet für einen sprunghaften Überfall nach draußen, und schlich an Zufahrten für versteckte Hinterhöfe vorbei, wo die Bauern womöglich ihre Sensen wetzten für den Krieg gegen die verhasste Herrschaft.

Als er die Brücke erreicht hatte, hielt er an und schaute zur Klosterkirche hinauf. Sie nahm sich aus wie eine Festung. Am Ende eines Bergsporns errichtet, thronte sie über dem Tal. Von den Baumeistern waren mächtige Steinquader aufgeschichtet worden, den Chor über dem Abgrund zu stützen. Den Kirchturm gegen Westen hatte man übrig behalten von der alten Ortskirche und ihm erst eine Halle mit gewaltigen Pfeilern vorangesetzt, dann die Basilika mit Chor und Krypta folgen lassen. Für Konrad war die Anlage vertraut und lieb geworden. Wie ein Hort der Sicherheit.

Aber nun keimte der Verdacht in ihm, es könnte sich das Ganze als Illusion herausstellen. Die Reise ins Rheintal hatte ernüchternd gewirkt, zumal aus der Sicht des Johannes mit seinem Bericht. Dem Heiligen zu dienen, war er vor einem Jahr aufgebrochen und musste sich jetzt der Frage stellen, ob die Chorherren selber dabei waren, ins Zwielicht zu rücken, was heilig war. Mit eigenen Augen hatte er die Menschen beobachtet, die ihre Münzen abzählten, um einen Ablass vom Schuldenkonto ihres Lebens zu erwirken. Durchweg waren es arme Leute gewesen. Und kranke. Die Versicherungen des Chorherren Bernhard, dass sie bloß unterwegs seien, um Wohltaten zu verteilen, waren ihm auf einmal verdächtig erschienen. Hinzu kamen heikle Auskünfte der Augustiner in Heidelberg und in Wittenberg, über diesen Luder, der das Zeug zu haben schien, eine Menge Ärger in Kirchen und Schlössern anzurichten.

Und nicht zuletzt diese Unruhe bei den Bauern und die Hetzreden des angeblichen Propheten. Sogar seine Ahne war angesteckt davon, die er für eine besonnene Person gehalten hatte. Wo sollte das hinführen? Ein Kämpfer war er nicht, das wusste er, und wenn die Horden mit Knüppeln und Armbrust und Lanzen bewehrt den Klosterberg stürmen sollten, würde er sich in den äußersten Winkel verkriechen oder davonlaufen.

Er sah ins Wasser der Körsch, die von den letzten Regenfällen angeschwollen war und trüb und rauschend unter der Brücke herfloss. Manchmal, zur Schneeschmelze im Frühjahr, konnte der Bach sich zum reißenden Fluss auswachsen und das Tal überschwemmen, dass die tiefer gelegenen Höfe bis zu den Fenstern versanken und der Übergang zum Kloster abgeschnitten war. Das wurden harte Tage und Wochen für die Dorfleute, und es machte für sie noch das geringste Elend aus, auf den Kirchgang zum Kloster hinauf verzichten zu müssen.

„Ist dies der Weg zum Stift vom Heiligen Grab?", fragte jemand hinter ihm, und Konrad fuhr erschrocken herum, als sei er von einem Gegner eingeholt und gestellt worden. Aber der Mann lachte ihn freundlich an und lupfte seine runde Samtmütze, an der man den Künstler erkannte. Er sei Buchmaler und auf der Durchreise, erklärte er. Von Leipzig auf dem Weg zur Reichenau im Bodensee. Im Stift gewähre man Unterkunft, sei ihm versichert worden, und die Kanoniker seien annehmbare Gastgeber. Der junge Herr gehöre allem Anschein nach selber dazu.

Das sei richtig, erwiderte Konrad und lud den Wanderer ein, mit ihm zusammen zum Kloster aufzusteigen. Was ihn denn bewege, diese weite Strecke zur Reichenau auf sich zu nehmen, fragte er nach, als sie bergan schritten.

Ein jeder mache das, was ihn am Leben halte, meinte der Fremde. Und für ihn sei die Tenne in Leipzig gefegt, da lasse sich nichts mehr auflesen für die Zähne und den Bauch. Maler gebe es mehr als genug, aber keine Aufträge, die Lohn versprächen. Das sei auf der Reichenau wohl noch anders. Im Skriptorium des Inselklosters, das ja berühmt sei in der christlichen Welt, würden stets gute Maler gebraucht. Da wolle er's versuchen. Und niemand wisse, ob ihre Kunst noch gefragt sei in kommenden Jahren. Die Erfindung eines Herrn Gutenberg in Mainz, die es möglich mache, künftig alle Bücher mit Maschinen statt mit der Hand zu schreiben, gefährde seinen Stand aufs äußerste. Wenn sich das durchsetze, wovon auszugehen sei, könne er bald seine Pinsel in den Ofen werfen und die Farben in den Bodensee kippen. Dann sei er reif für den Bettelstab.

„Nur im Kloster ist man gut aufgehoben", versicherte der Novize.

„Wer weiß, wer weiß?", munkelte der Maler. „Deren goldene Zeiten sind vielleicht auch schon vorüber. In Sachsen, wo ich herkomme, brodelt es. Die Humanisten halten nicht viel von der Möncherei und allem geistlichen Firlefanz, da hat der große Erasmus in Rotterdam schon lang den bissigen Ton vorgegeben. Die Leibeigenen löcken auch wider den Stachel, und der Stachel ist oft genug ein Abt mit seinen Klostergütern. Und Wittenberg hat eine Universität, die jung und ehrgeizig ist und mit Köpfen besetzt, die Neues wollen und ihre Nase nicht nach dem Gestrigen richten."

„Von einem Professor Luder hörten wir schon", bestätigte Konrad.

„Der und andere", sagte der Buchmaler. „Es werden mehr. Ich habe den Eindruck: Es werden bald mehr! Und ihr müsst damit rechnen, dass ihr nicht unbelästigt bleibt bei eurem Tanz ums Heilige Grab."

Am Morgen nach dem Chorgebet, als die herbstlich geschwächte Sonne milchig über den Wäldern zum Neckar hinaus stand, stiegen drei Männer die steilen Stufen zur Klosterkrypta hinab. Vorn der Propst, hinter ihm der Gast aus Sachsen, am Ende der behäbige Bernhard, dessen Leibesfülle ihn bei der geringsten Anstrengung kurzatmig werden ließ.

„Noch ist gute Zeit", sagte der Propst, als er die Krypta betrat und mit der rechten Hand zum großen Bogenfenster wies. „Man ahnt, wie es gemeint war mit dem Spiel aus Dunkel und Licht. Im Frühsommer wirkt es am stärksten, zum Herbst hin blasst es ab. Um die Zeit der Sonnenwende muss man früh da sein, bald nachdem die Sonne aufgestiegen ist über den nahen Hügeln. Dann bricht das Licht herein wie eine Flut aus Segen. Der dunkle Raum, ganz auf den Durchbruch nach Osten gerichtet, verwandelt sich, wird aus einer Höhle zur Halle, in der es wunderbar aufstrahlt. Die Nacht wird aufgesogen vom Morgen, der Tod verschlungen ins Leben. Man sagt, wir Wächter vom Heiligen Grab verehrten das Leiden und die Schwere des Todes. Das Gegenteil ist der Fall. Wir bezeugen das Leben. Nicht allein das natürliche, alte, das ins Sterben mündet, sondern das neue, das den Tod längst durchmessen hat. Das Fenster öffnet eine Aussicht nach dem fernen Jerusalem, auch nach dem himmlischen, in dem das Weinen ein Ende haben und die Freude ohne Ende sein wird."

„Der Propst von Denkendorf scheint ein gewandter Prediger zu sein", sagte der Buchmaler schmunzelnd, „man mag ihm lauschen und hat Gewinn davon."

„Und denkt nur", warf Bernhard ein, der sich schnaufend an die kalte Wand lehnte, „es ist bezeichnend für ihn, dass er eine neue Kanzel in Auftrag gab für die Klosterkirche. Holzgeschnitzt, mit den Bildern von Kirchenvätern an den Seiten und dem auferstandenen Christus vorn in der Mitte."

„Man muss den Menschen das Wort sagen, das von Gott kommt und zu Herzen geht", erklärte der Propst, „und das muss auf Deutsch geschehen. Das Latein in der Liturgie mag fromme Gefühle erwecken, aber es hilft nicht zu verstehen, was es mit Erde und Himmel und mit der göttlichen Barmherzigkeit auf sich hat. Als Reuchlin längere Zeit Gast bei uns war, vor über zehn Jahren inzwischen, hat er uns angeregt und bestärkt, die Botschaft vom gnädigen Gott zu verbreiten. Er hat sogar eine Schrift verfasst und dem Kloster gewidmet zum Dank, dass er hier beherbergt wurde in den Stuttgarter Pesttagen. *De arte praedicandi* lautet der Titel, von der Kunst des Predigens."

„Tatsächlich", wunderte sich der Gast aus Leipzig, „den großen Humanisten hattet ihr in euren Mauern. Respekt! Da seid ihr anscheinend nicht weit entfernt von den Zonen, wo das Neue mit dem Alten ringt. Johannes Reuchlin, mein Gott! Sein Name geistert im ganzen Lande umher. Für die einen ist er ein Messias des freien Geistes, für die andern wie der leibhaftige Gottseibeiuns. Den Schriftenkrieg um die Dominikaner in Köln verfolgt jedenfalls mit Spannung, wer zu lesen vermag, und über die ‚Dunkelmännerbriefe' lachen sich sogar die Zecher in den Wirtshäusern schief und krumm."

„Gerade ist ein zweiter Teil dieser Briefe erschienen", erklärte Bernhard säuerlich, „sie werden dem Ulrich von Hutten zugeschrieben und scheinen nicht minder anmaßend und lästerlich zu sein als die ersten."

Der Maler merkte, dass er mit Beifall für die Attacke der Humanisten gegen die stocksteifen Traditionshüter in Köln nicht überall rechnen konnte.

„Zugegeben, der Ton ist beißend in diesen Schriften", lenkte er ein, „und man mag vielleicht streiten darüber, ob es angebracht ist, die Herren Dominikaner lächerlich zu machen. Aber dass ihnen auf die Finger geklopft wird, wenn sie darauf dringen, dass jüdisches Schrifttum dem Feuer übergeben werde, das möchte ich doch begrüßen."

„Die Juden lehren, was falsch ist, und lehnen ab, was uns als Höchstes gilt", brummte Bernhard.

Propst Altweg trat näher an das große Fenster und schien nach draußen ins Helle zu sprechen: „Wir sind nicht genötigt, Reuchlin in allen Dingen recht zu geben. Aber wir haben auch keinen Grund, seine Entscheidung zu missbilligen, die ihn zum Anwalt der Juden und ihrer Schriften gemacht hat. Du, Bernhard, verstehst kein Wort Hebräisch, in Tübingen habe ich immerhin die Anfangsgründe davon gelernt. Es ist eine heilige Sprache, in der göttliche Geheimnisse überliefert sind. Wären die Juden nicht, so wäre die Sprache verloren samt aller Geheimnisse, die sie bewahrt und in denen unser Leben gründet."

„Aber die Lügen...", setzte Bernhard noch einmal an, wurde jedoch vom Propst unterbrochen: „Gestatte mir und anderen anzunehmen, dass ein Johannes Reuchlin zwischen Lüge und Wahrheit zu unterscheiden weiß. Oder willst du sein Meister sein? Oder soll's ein Rossknecht oder ein Bettelmönch irgendwo sein, die gern Feuer lodern sehen und hineinwerfen möchten, was ihnen über Verstand und alles Begreifen geht? Wenn erst Bücher im Feuer enden, werden es bald auch Menschen sein. Reuchlin ist selbst in Gefahr, das weißt du. Aber er zieht es nicht vor, das Feld zu räumen, auf dem jetzt bitter gestritten wird. Er hält aus. Und er hat auch geschrieben, warum. Weil er Juden unter den Schutz des alten kaiserlichen Rechts gestellt sieht wie andere Bürger auch. Das neue Recht an dieser Stelle ist rechtswidrig!"

„Und wenn sie doch Ketzer sind?", knurrte Bernhard.

„Papperlapapp! Der dümmste aller Vorwürfe, die gegen Juden erhoben werden. Und je dümmer die Köpfe, desto lauter das Geschrei! Ketzer kann lediglich sein, wer vom Christentum abgefallen ist. Die Juden sind niemals vom Christentum abgefallen. Sie gingen und gehen ihm voraus. Und wenn du, Bruder Bernhard, deine Nase in Reuchlins Schriften stecken wolltest, am besten in seine jüngste über die Kabbala, dann müssten dir die Augen brennen. Jüdische Weisheit, versammelt in diesen Texten, ist uralt, schreibt Reuchlin, von Ewigkeit her, und aus ihrer Quelle wird alles getränkt, was an Philosophie und Religion in der Menschengeschichte aufgeblüht ist. Auch die griechischen Philosophen sind Erben dieses Geistes, findet er. Und das sollen wir naserümpfend in die Jauchegrube werfen? Den Adel des Geistes, von dem wir erbärmliche Sprösslinge sind, in den Kot zerren und darauf herumtreten mit Lust?"

„Man sagt, Reuchlin müsse damit rechnen, dass ihm der Prozess gemacht wird", warf der Maler ein.

„Ich weiß", seufzte der Propst, „und ich bete für ihn."

Im Schweigen, das nun einsetzte, schritt der sächsische Gast gemächlich durch den Raum und besah die Friese mit gewundenen Drachen und mit fetten, auf ihren Haxen aufgerichteten Säuen. „Das Böse ist da, doch gebannt in der Nähe des Grabes", bemerkte er endlich. „Ein schönes Gleichnis. – Aber besonders verwundert das Raumprogramm insgesamt. Dieses hohe Gewölbe. Und kein einziger Pfeiler. Keine Grabmale."

„Allerdings", nickte der Propst, „Krypten sind niedrig in der Regel und von Säulen und Pfeilern gestützt und ganz ohne Licht von außen. Bloß hier nicht. Das Fenster gegen Morgen ist ungewöhnlich groß, und ich sagte schon, weshalb. Dadurch wird der gesamte Raum zur Begräbnisstätte, nicht allein die Vertiefung im Boden vorn. Und so gibt's auch keine Gräber und Grabsteine sonst. Der eingewölbte hohe Raum selbst ist das Grabmal des Christus, und das öffnet sich weit zum Ostermorgen hinaus."

„Und die bedeutsame Öffnung zum Licht wird unterstrichen von Freskenbildern in Gurtbögen über dem Fenster."

Man trat näher heran und schaute hinauf. „Sie sind kürzlich erst fertig geworden", erzählte Altweg. „Mein Vorgänger hatte den Auftrag dazu gegeben. Szenen aus dem Leben des Täufers, dann der Christophorus, der Heilige Martinus."

„Nicht übel gemalt", urteilte der Sachse. „Die Farben könnten kräftiger sein. Und – wenn Ihr erlaubt – die Tochter der Herodias beim Festmahl hätte ich hübscher gestaltet."

Altweg lachte: „Für uns Leute im Kloster reicht es auch so."

Als sie die Fresken in allen Einzelheiten studierten, platzte ein Chorherr herein: „Gott sei Dank finde ich Euch! Der Propst wird verlangt am Eingang der Kirche. Er soll sich zeigen und nicht verkriechen."

Eine Handvoll Bauern steht draußen im Hof, mit Dreschflegeln und Beilen. Angeführt von diesem Teufelsbraten, den sie den ‚Propheten‘ nennen." –

„Ei sieh, der Herr *praepositus!* Und nicht im vollen Putz. Ohne Mitra und Stab. Man möchte denken, er wär' beinah ein Mensch gleich uns." Der Prophet, ein dürrer Kerl mit wirrem Haupthaar, das ihm über Schultern und Brust herabfiel, stand auf einen knorrigen Stock gestützt vor ein paar Bauern, die sich vorsichtig geduckt in seinem Rücken hielten. Unter dem offenen Schäfermantel, der ihm bis zu den Fersen reichte, trug er eine blaue Schusterschürze und einen Hammer in der Seitentasche. Er komme in diplomatischer Absicht, verkündete er. Es gebe zu schlichten und zu glätten. Die Waage des Rechts müsse wieder ins Gleichgewicht, aus freien Stücken oder mit Gewalt.

Ein wütender Wolfshund, den er an kurzer Leine hielt, fletschte die Zähne und knurrte und machte unverhoffte Ausfälle gegen die Herrschaften unter dem Kirchenportal. Die Bauern blieben stumm und schienen unschlüssig, was sie tun sollten. Konrad, der Novize, hatte sich seitlich zum Kreuzgang abgesetzt, wo der Maler lässig die Szene verfolgte. Nicht bloß zwei Stände trafen argwöhnisch aufeinander. Auch zwei Epochen waren es. Die Leibeigenen auf der einen Seite und die Herren auf der anderen. Vergangenes und Künftiges. Die Luft schien zu erzittern unter dem Druck der Gegensätze. Und der Ausgang des Treffens war ungewiss.

Der Propst gewinne mit entblößtem Haupte, stichelte der Prophet. Seine Mitra verunstalte ihn bloß. Mit allem Schnickschnack sollte sie in der Truhe enden. Doch sei er gespannt, wie das Grabmal des Propstes ausschauen werde, das er schon früh in Auftrag gegeben habe, wie man höre. Ob er denn Lust habe abzuscheiden und bei seinem Herrn im Himmel zu sein? Und ob er sich auf dem Grabmal im reichen Ornat zu präsentieren gedenke, um Eindruck zu machen vor Menschenaugen? Wo doch durch enge Paradiespforten bloß eingelassen werde, was demütig und bettelarm daherkomme?

Der Schuster solle besser dicke Sohlen klopfen als dicke Sprüche, meinte der Propst.

Alles zu seiner Zeit, entgegnete der Prophet. Die Sohlen könnten warten. Aber die Zeit dränge gewaltig. Wetter zögen auf, wie man noch keine gesehen. Und die Luft schmecke schon scharf.

Sie schmecke streng und faulig vom Kuhdung seiner Bauern, die er hinter sich geschart habe wie eine armselige Soldateska, sagte der Propst.

Armselig schon, das habe er richtig getroffen, gab der Prophet zurück. Aber armselig bloß, weil der ehrenwerte Herr Propst und seine geistlichen Spießgesellen sie armselig machten seit Menschengedenken. Nur ein weniges, und sie lägen alle verhungert auf fetten Äckern, deren Ertrag sie in die Kornspeicher und Fruchtkästen des Klosters abliefern müssten, damit die Bäuche der Chorherren rund würden, gradwegs zum Platzen.

Bernhard, der sich mit seinen üppigen Formen angesprochen fühlte, trat einen trotzigen Schritt vor und drohte, man könne umgehend Reiter des Herzogs anfordern und das rebellische Pack aus dem Hof prügeln lassen.

Der Prophet lächelte und ließ seinem geifernden Hund ein Stück Leine nach.

„Kommt zur Sache!", verlangte der Propst. „Was wollt ihr von mir und vom Kloster?"

„Nur eine Kleinigkeit", grinste der Prophet. „Erlass der Abgaben für dieses Jahr, das eine Missernte gebracht hat. Verhandlungen mit dem Herzog über Aussetzung der Schuldzahlungen. Und dann, was den Bauern noch wichtig war, nicht mir: freier Ablass von allen Sündenstrafen."

„Bescheiden seid ihr nicht", lachte der Propst.

„Wer bescheiden ist, der wird schwach. Und wer schwach wird, den ducken die Starken!" Der Prophet hatte sich umgedreht und flüsterte mit den Bauern. Konrad erkannte, dass Michel, der Sohn der alten Marie aus dem Dorf, unter ihnen war. Er hielt sich zurück und suchte sich zu verstecken hinter den Streitgenossen. Wusste er überhaupt, was er verlangte und zu welchem Ziel er hinaufgestapft war auf den Klosterberg? Aufruhr war strafbar, die Justiz des Herzogs pflegte durchzugreifen, wie man's im Remstal bitter erlebt hatte. Und gewonnen war nichts. Allein Tränen des Zorns und der Trauer zuzüglich zum Elend der Armut und des verweigerten Rechts.

„Was ist?", rief der Propst, „wollt ihr mit Knüppeln und Beilen einschlagen auf uns, wenn wir nicht daran denken, eure verrückten Wünsche zu erfüllen?"

Abrupt wandte der Prophet sich um, sein Gesicht verzerrte sich, als er, den wild an seiner Leine reißenden Hund nur mühsam haltend, näher auf den Propst und sein kleines Gefolge zuschritt.

Er habe es friedlich versucht auf dem Weg der Verhandlung, rief er. Aber bei Verhandlungen mit dem Wolf springe nichts heraus für die Lämmer. Das habe er selber schon lange gewusst, nur die Bauern hätten es erst wieder lernen müssen. Jetzt sei die Bosheit am Tage. Und der Himmel werde seine Zornengel senden und zerschmeißen, was hier aus Gewalt und Gier zusammengebacken sei. Kein Stein werde auf dem anderen bleiben in diesem Tempel der Lästerung und der Lüge, eine Stätte der Verwüstung werde man zu sehen bekommen, und die toten Leiber der Verfluchten müssten im Wetter verrotten, weil nicht mal die Füchse und die Vögel von ihrem Kadaver begehrten.

Der Propst schüttelte den Kopf und verschränkte die Arme über der Brust. Bruder Bernhard drang auf ihn ein, bewaffnete Kräfte herbeizurufen und dem ekelhaften Spuk ein Ende zu setzen. Den Bauern war's ungemütlich, sie traten verlegen von einem Bein aufs andere.

Plötzlich löste sich die Gestalt des Malers vom Kreuzgang. Er trat dem Propheten langsam entgegen. Vor seinem unerschrockenen Blick wich der Wolfshund zurück, legte sich und begann zu winseln. Der Maler beugte sich zu ihm herab und kraulte ihn freundlich am Hals, als schmeichle er einem Schoßhund. Propst und Chorherren stockte der Atem. Mit aufgerissenen Augen verfolgte der Novize, was der Maler, der eben noch neben ihm ausgeharrt hatte, bei den Aufrührern suchte. Die Bauern glotzten. Und der Prophet stierte mit offenem Mund, als sei er keines Wortes mächtig, auf den verwegenen Mann, der sich einen gefährlichen Vorstoß erlaubte.

Das sei höchst eindrucksvoll gewesen, richtete der Maler sein Wort an den Propheten. Eine alarmierende Vision, die man nicht verachten dürfe, wenn man bei Trost sei. Und Achtbares bei den Forderungen habe er auch vernommen.

Der Prophet räusperte sich und zeigte sich weiter irritiert vom Auftritt des Fremden.

Ach ja, fuhr der Maler mit einer Geste der Entschuldigung fort, er habe versäumt, sich bekannt zu machen. Wolfram sei er, der neu ernannte Vogt. Vogt dieses Klosters und seiner Besitzungen ringsum. Dem Propst verbunden und dem Herzog verpflichtet. Der Mann fürs Geschäftliche, für die Wirtschaft, die Sicherheit. Und er habe verstanden vorhin. Was Recht sei, solle Recht bleiben, und er verwende sich dafür, dass die vorgetragenen Wünsche Beachtung fänden. Was der Prophet und was die Bauern in seinem Gefolge verdienten, das sollten sie bekommen.

So überzeugend das klingen mochte, so misstrauisch gab sich der Prophet. Er taxierte den Sprecher, der sich für den Klostervogt ausgegeben hatte, und fand, dass der seinen prüfenden Blick ruhig erwiderte.

Den Propst und den aufgeregten Bernhard im Hintergrund zu beschwichtigen, war für den Maler die schwierigere Aufgabe. Er löste sie mit versteckten Handzeichen in seinem Rücken und, als sie nicht den gewünschten Effekt erzielten, mit einer raschen Wendung zum Kirchenportal und mit der Bemerkung, was dunkel erscheine, werde schon licht werden, wie alle Morgen in der Klosterkrypta.

Und während der rauflustige Köter des Propheten handzahm seine Schuhe und Hosen beschnüffelte, gab der falsche Vogt den Bauern und ihrem Propheten mit einem Wink zu verstehen, dass sie sich nun zu entfernen hätten. Sobald es Mittag schlage am kommenden Tag, erwarte er sie an derselben Stelle. Die Bedingung sei, dass wirklich alle zurückkämen, ohne Ausnahme. Dann sollten sie erfahren, was er ausgehandelt habe zu ihren Gunsten. Und sie würden keinen Anlass finden, sich zu beschweren.

Die Bauern waren froh, das Gelände unversehrt hinter sich lassen zu können und setzten sich umgehend in Bewegung. Der Prophet lauerte noch, ob es klug sei, dem angebotenen Frieden mit aussichtsreichen Versprechungen zu trauen, und spie aufs Pflaster. Den fleckigen Schäfermantel zog er mit heftigem Ruck über die Schultern hoch, dass ein Teil seines Haares darunter verschwand. Er warne den Vogt, falsches Spiel zu treiben mit ihm, brummte er. Wenn die gegebene Versicherung nichts tauge und sie anderntags mit leeren Händen davongejagt werden sollten, dann werde sich der Himmel auftun und kochenden Teer herabregnen lassen auf die ganze saubere Gesellschaft vom Kloster.

Damit zog er den Wolfshund, der immer noch um die Beine des Malers strich, mit ärgerlicher Gewalt hinter sich her und folgte den Bauern ins Tal hinunter.

Lachend trat der Maler auf die wartende Klostergemeinschaft zu, die deutlich zwischen Staunen und Besorgnis schwankte. Der Propst konnte sich die Frage nicht verkneifen, ob sein Gast vielleicht von Sinnen sei. Die anmaßenden Forderungen der Bauern auch nur bedenken zu wollen, sei unerhört, keifte Bruder Bernhard. Und den hergelaufenen Propheten durch Verhandlungen aufzuwerten, zeuge von einer miserablen Strategie. Außerdem: Wie sei er bloß auf die schwachsinnige Idee verfallen, sich als neuer Klostervogt auszugeben?

„Wo ein falscher Prophet auftaucht, kann sich wohl auch ein falscher Vogt einstellen", schmunzelte der Maler.

Aber warum?, wollte der Propst wissen. Zu welchem Zweck und Ziel das Ganze? Was wolle er diesen Beutelschneidern bieten, wo es ernsthaft gar nichts zu bieten gebe?

„Gewiss fehlt mir der Durchblick, ob es wahrhaftig gar nichts zu bieten gibt für die Bauern", versetzte der Maler. „Aber seid unbesorgt! Sie sollen bekommen, was sie verdienen, das versprach ich, und dabei wird's bleiben. Und nicht zum Schaden des Klosters! Lasst mich nur machen und bewahrt gute Ruhe. Ich brauche bloß einen Raum, groß und hell, und Tische darin und Farben und Leinwand."

„Farben sind sicher vorhanden", sagte der Propst, „wo Decken und Gewölbe instand gesetzt und Fresken und Altarbilder geschaffen werden, da gibt es Farben im Überfluss."

Allmählich zerstreute man sich. Man hatte sich abgefunden damit, dass einstweilen hingenommen werden musste, was der Maler angerichtet hatte. Bernhard bedauerte die Gastfreundschaft, die sie ihm gewährt hatten. Einen Floh in den Pelz gesetzt hatten sie sich. Und jetzt ließen sie ihn obendrein springen nach seiner Laune. Sie konnten sich glücklich schätzen, wenn das vertrackte Spiel mit ein paar juckenden Flecken auf der Haut abgetan war.

Der Novize drückte sich an die Seite des Malers und gestand, wie sehr er dessen Mut bewundere. Keiner vom Kloster habe dem Propheten die Stirn geboten wie er. Und nun sei er gespannt, was der neue Vogt im Schilde führe. Gewiss handle es sich um eine ausgekochte Finte?

„Es wird sich um eine Offenbarung handeln", lächelte der Maler. „Aber ich muss mich sputen, dass sie auch wirklich zustandekommt."

„Ach", rief der Novize, als der Klostergast sich bereits abgewandt hatte, „noch eines wüsste ich gern. Dieser Hund, das abscheuliche Vieh – es kam in Demut, beinah in plötzlicher Anhänglichkeit zu Euch gekrochen. Wie ging das zu?"

Der Maler lachte: „Das Öl und die Farben. Sie verbreiten einen Duft, der in meinem Rock, in meinen Hosen hängt und auf den Schuhen sitzt. Ich weiß, dass es Hunde gibt, die können sich schier berauschen daran. Und der Wolfshund des Propheten tat's, wie wir sahen, ebenfalls."

Schon vor Mittag des folgenden Tages rückten die Bauern, angeführt vom Propheten, der auf die Begleitung seines Hundes verzichtet hatte, auf dem Klosterberg an. Alle Wehr und Waffen hatten sie in Schuppen und Scheunen gelassen und nahmen erwartungsvoll vor dem Kloster Aufstellung, die Hände in den Kitteltaschen oder über der Brust verschränkt.

Man ließ die Gesandtschaft warten, noch hatte die Mittagsstunde nicht geschlagen, und keine lebendige Seele vom Kloster ließ sich blicken. Auf dem Teich im Hintergrund jagten sich die Enten, sonst war es still. Einer der Bauern raunte dem Propheten zu, ihn beschleiche ein seltsames Gefühl. Ob er meine, man müsse mit bösen Überraschungen rechnen? Der Prophet winkte unwillig ab und straffte sich. Seinen Mantel trug er geschlossen über dem Schusterschurz.

Schlag zwölf öffnete sich das Portal. Der Propst und einige seiner Chorherren traten ins Freie, gemächlich und würdevoll, als vollzögen sie eine Prozession. Niemand sprach eine Silbe. Den Schluss bildete der Maler, mit dem Novizen an seiner Seite, der eine große Rolle vor sich her trug wie der Priester die Monstranz.

Die Bauern schienen beeindruckt, und der Prophet wetzte sein Kinn mit der behandschuhten Rechten.

Theatralisch verbeugte sich der falsche Vogt vor dem Propst und jedem einzelnen der Kanoniker, beschied dem Novizen, zusammen mit ihm vorzutreten, und wandte sich an den Propheten: „Wir haben beide Wort gehalten. Du mit deinem Erscheinen, ich mit meinem Versprechen."

Keine Entgegnung.

Die Bauern warteten, der Prophet lauerte wie eine Katze vor dem Sprung.

Was sein Versprechen angehe, fuhr der Maler fort, so habe er zugesagt, dass sie bekommen sollten, was sie verdienten. Aber genau dies sei so einfach nicht auszurechnen gewesen. Es habe Mühen gekostet über Stunden. Und am Ende sei er eingenickt über dem Rechnen, und als er wieder aufgewacht sei, habe er Merkwürdiges entdeckt. Nämlich eine gewisse Ähnlichkeit zwischen sich und dem Propheten.

Die Bauern schauten verwundert und zogen gespannt ihre Hände aus den Taschen.

Der Prophet schnaufte.

Ja, tatsächlich, beteuerte der Maler, es habe sich bei ihm im Schlaf ereignet, was dem Propheten anscheinend auch widerfahre, hin und wieder. Kurzum: Ihm sei eine Vision zuteil geworden. Allerdings nicht nur im Geiste, wie's der Prophet von sich behaupte, sondern sichtbar geworden im Bilde, mit Farben auf Leinwand gebracht. Das habe er plötzlich vor seinen Augen gesehen, und er müsse es zeigen, damit man ihm glaube.

Und schon war der Novize dabei, das Bild zu entrollen, und hielt es mit ausgestreckten Armen vor sich hin.

Der Prophet sah und stutzte.

Langsam bewegten sich die Kanoniker nach vorn, dass sie neben die Bauern zu stehen kamen und freien Blick auf das Gemalte hatten.

Das Bild war ein grob gestaltetes Kunstwerk, mehr Plakat als Gemälde, dessen Darstellung in einigen Partien nur skizziert und halb ausgeführt war. Man erkannte die Zinnen einer Stadt, einen hochragenden Kirchturm und im Vordergrund einen Teil der Stadtmauer mit Tor und gewaltigem Galgen darüber. An diesem Galgen hing ein Mensch. Seine Arme fielen leblos am Körper herab, der Kopf war zur Seite gesunken, eine lange, bläulich verfärbte Zunge stieß aus dem geöffneten Mund. Das Haupthaar wucherte dem Gehenkten wie Dickicht um den Kopf. Unter dem fleckigen Schäfermantel zeigte sich eine blaue Schusterschürze. Und am Fuß des Galgens kauerte ein mächtiger Hund.

Keinem konnte verborgen bleiben, wer mit der Gestalt des Gehenkten gemeint war.

„Was soll die Komödie?", zischte der Prophet und ballte die Fäuste.

„Gegen Visionen ist jeder Mensch machtlos", erläuterte der Maler mit sanfter Stimme. „Sie kommen von selbst und offenbaren die Wahrheit."

„Ein Schelmenspiel sind sie, sonst nichts!", schrie der Prophet.

„Das sagtest du, nicht ich, bemerke es wohl!", erwiderte der Maler mit mahnend aufgerecktem Finger. „Und du hast ja auch längst erkannt, was uns dies Bild hier erzählen will. Oder nicht? Kennst die Zinnen nicht und die Mauern und Tore der schönen Stadt Leipzig in Sachsen? Der Baum für die Galgenvögel befindet sich nicht exakt an der bezeichneten Stelle, das sei eingeräumt, aber er ist vorhanden und wartet darauf, behängt zu werden. Und siehe, warst du nicht ausgesucht und vorgesehen dazu? Bei einem Verfahren, das dir in Leipzig gemacht wurde und dessen Urteil du nur entgehen konntest, weil deine Kumpanen den Wachtposten überfielen, um dich herauszuhauen? Ein Prozess – und da solltet ihr nun fein zuhören, ihr Bauern! – der einem großen Betrüger galt. Seine Schusterwerkstatt hatte er hinter sich gelassen. Sie war ihm zu armselig und düster. Da fand er einen Zugang zu sächsischen Phantasten, die sich für Licht halten, tatsächlich aber alles Licht scheuen und gespenstische Lehren vertreten. Sektierer sagt man dazu. Mal tauchen sie auf, dann tauchen sie weg, man wird ihrer nicht habhaft. Sie halten sich für die Frommen der letzten Tage, reden von drohender Pest und apokalyptischem Feuersturm, und wer sich ihnen und ihrer Botschaft verweigert, der gilt für ewig verloren.

Bei denen hat unser Prophet sein geistliches Handwerk gelernt. Jedoch anders als sie, die harmlos bleiben im Grunde, hatte er willige Kerle um sich geschart und zog durch die Dörfer und drohte mit göttlichem Gericht und Untergang, wenn die Bauern nicht Klingendes und Glitzerndes herbeischafften und in seinen Raffsäcken versenkten. Und wo man auf Unschlüssige traf, wurde mit Keulen und Peitschen nachgeholfen. Das ging, solange es ging, und verbreitete Schrecken unter den Bauern und Verdruss unter den Herren. Besonders bei denen, die mit dem Ablass unterwegs waren. Die merkten, dass ihnen von falschen Propheten, die echte Gauner waren, viel Butter vom Brot gestohlen wurde. Gewährten sie selber Ablass gegen Bares, erzielten die andern weit höhere Gewinne mit wüsteren Mitteln. Und die Bauern blieben hier und da die Dummen."

Zorniges Murmeln war zu vernehmen unter den Bauern und schwoll gefährlich an, dass der Prophet sich duckte und in kurzen Abständen sichernd um sich spähte. Der Propst erschrak und fürchtete, einem Gewaltakt vor eigenen Klostermauern beiwohnen zu müssen, trat beschwichtigend auf den Maler zu und untersagte ihm, seine Anklage fortzusetzen. Die Bauern wurden angewiesen, Ruhe zu bewahren, dann sollten sie straffrei bleiben. Andernfalls sei man gezwungen, ihren Aufruhr dem Herzog zu melden.

Der Prophet richtete sich auf, als die unmittelbare Bedrohung verflogen schien, und starrte den Maler an: „Der Vogt bist du nicht, das weiß ich nun. Doch wer du in Wirklichkeit bist, weiß ich nicht. Aus Leipzig anscheinend, ich hätte es hören können. Aber ich sah dich nie. Wie sahst und wie erkanntest du mich?"

„Ich bin Maler. Und Maler sehen gut und beobachten genau. Und vergessen selten, was sie gesehen."

Die Klosterkutsche mit angeschirrten Pferden war reisefertig. Für seinen langen Weg an den Bodensee hatte der Propst angeboten, den Maler bis Tübingen bringen zu lassen, wo er Halt machen und sich umsehen wollte. Das geringe Gepäck war verladen, der Kutscher hatte auf seinem Bock Platz genommen, und der Propst verabschiedete seinen Gast auf dem Hof. Bei ihm hielt der Novize, der den Künstler nicht gern aus den Augen verlor.

„Dank noch einmal und Respekt vor Eurer Schläue", sagte der Propst. „Und wahrscheinlich habt Ihr gut gewählt, bei Eurem Witz und bei Eurer Phantasie das Studium der heiligen Theologie an den Nagel zu hängen und Euch auf die Kunst zu werfen."

Der Maler lachte: „Mag sein. In Leipzig war's mit der Theologie recht altbacken und grau. Zudem schnüffelte man in allen Gewandfalten und zwischen allen Buchdeckeln herum, um Ketzerisches aufzuspüren. Wo die Dominikaner den Ton bestimmen, ist das Wimmern der Verfolgten nie weit."

„Ihr hättet ja nicht in Leipzig bleiben müssen, wenn's dort zu zwanghaft zuging nach Eurem Geschmack."

„Schon wahr. Doch damals gab's Wittenberg noch nicht. Und nicht die Lehrer dort, die mir das Lernen hätten schmackhaft machen können. Den Staupitz, den Karlstatt und diesen jungen Hitzkopf, den Luder."

„Ihr möchtet zueinander passen!", lachte der Propst.

Der Maler legte seinen Arm um die Schultern des Novizen und bedeutete dem Propst: „Den solltet Ihr zum Studium schicken. Er hat das Zeug dazu und die Lust wohl auch. Aber nicht nach Tübingen, bitte. Da ist man bereits alt geworden in ziemlicher Jugend. Heidelberg möchte angehen. Doch am besten wäre Wittenberg. Dort kocht es in vielen Kesseln, und man wird noch hören, was an Scharfem und Delikatem demnächst auf den Tisch gebracht wird. Der da könnte bei den Vorkostern sein. Was meint Ihr? Humanistengeist ist durch Eure Gänge und Säle gezogen, eine gewisse Auffrischung sollte nicht fehlen."

„Möglich", gestand der Propst. „Wir werden es im Konvent beraten. Wittenberg wäre zu erwägen für den jungen Mann. Vielleicht gerät in absehbarer Zeit auch der Schwarzert dorthin, der Melanchthon, wie er sich nennt nach Art der Humanisten. Reuchlin, sein Großonkel, erzählte mir von ihm, und mein Vorgänger hier im Amt des Propstes, Johannes Unger, ist sogar sein begeisterter Lehrer gewesen. Als Kind sei er schon fast ein Gelehrter gewesen in Bretten, heißt es. Ein Genie für die alten Sprachen, Griechisch und Hebräisch. Keiner lese und begreife die Texte wie er, meint Reuchlin. Der begabte Jüngling machte schon früh den Lehrer in Tübingen, aber dort schmeckte ihm nicht, was angerichtet wurde im Allgemeinen. Der Großonkel jedenfalls hält gewaltige Stücke auf ihn und protegiert ihn nach Kräften. Gut denkbar, dass der junge Mann einmal die Richtung nach Wittenberg einschlägt."

„Melanchthon", sagte der Maler. „Es gibt Namen, die man sich merken soll. Und fast hätte ich Lust, nicht weiter nach Süden, sondern rückwärts nach Norden zu reisen und noch einmal anzufangen mit den Wissenschaften in Wittenberg."

„Die Reichenau ist auch kein übles Ziel", winkte der Propst dem Maler nach, der in die Kutsche gestiegen war und bei flottem Trab der Gescheckten den Klosterhof verließ.

1617 : HEXENJAGD

Die Reformation hatte das Kloster erreicht und verwandelt. Aus dem Konvent der Chorherren wurde eine Klosterschule. Für einige Jahre zunächst, dann war auch diese Bestimmung erst einmal vorbei.

Nun lag die Krypta der Klosterkirche abseits und vergessen unter dem Chor. Aus einem Heiligtum war ein Keller geworden. Abstellraum für überflüssiges Zeug. Die alten Friese an den Wänden hatte man mit Brettern und Gerümpel verstellt. Im Fensterbogen blühten die Fresken nicht mehr. Die Grabstätte schlief einen bleiernen Schlaf mit versehrter Seele.

Hoch auf dem östlichen Rand des Klosterfirstes klapperte ein Storchenpaar mit schwungvoll nach rückwärts geworfenen Schnäbeln. Von ihrem Sitz aus waren die beutereichen Talgründe der Körsch leicht erreichbar, und Steinwürfe übermütiger Bauernbuben langten nicht bis zum Nest hinauf. Die Störche kamen im Frühjahr und gingen vor Anbruch des Herbstes. Ihre Strecke führte sie über den Balkan, über Länder am Ostrand des Mittelmeeres, und sie strichen wohl auch an Jerusalem vorbei und vielleicht sogar über die Grabeskirche hinweg.

Sie durften glücklich sein. Das Gleichmaß ihres Lebens blieb unbehelligt von den Wandlungen, die innerhalb der Klostermauern passierten. Sie wussten nichts von Blüte und Verfall, höchstens von Abschied und Wiederkehr, die den großen Rhythmus ihrer Jahre bestimmten. Solange ihr Thron auf dem First nicht zuschanden wurde, mochten die Menschen ihre Wege gehen, wie und wohin auch immer. Der Himmel blaute zwischen Wolkenbergen, die zum Aufflug lockten. Es war hoher Sommer und Erntezeit. Und wenn die Störche einen Sinn dafür besessen hätten, wären sie leicht zu Augenzeugen eines Unfalls geworden, der sich in der Nähe ereignete und ungeahnte Folgen nach sich ziehen sollte.

Ein mit Garben hochbeladener Erntewagen schaukelte von der benachbarten Höhe des Sulzbachs dem Dorf entgegen. Zwei Ochsen waren vorgespannt, und sie zogen weniger einträchtig, als zu wünschen war. Sie rissen an der Wagendeichsel und behielten keine Spur, brachen vielmehr nach links, dann nach rechts aus. Was sie trieb, mochte der Himmel wissen oder besser der Satan; das Kätterle hoch auf dem Garbenberg wusste es nicht. Vor allem wusste sie nicht, wie das rumpelnde Fuhrwerk gegen den Eigensinn der Tiere zu steuern sei. Und dabei ging's bergab. Verzweifelte Schreie, die sie den verrückten Ochsen hinterherschickte, richteten gar nichts aus, im Gegenteil. Es schien, als ob das Vieh nur zusätzlich aus der Bahn gejagt würde, jedenfalls verlegte es sich nun darauf, die Böschung zu beiden Wegseiten stürmisch anzugreifen. Was den Wagen in halsbrecherische Schräglagen brachte und das Kätterle obenauf zwang, sich mit beiden Händen ins Stroh zu krallen. Das verhieß auch keinen Halt, und die Stallmagd des Schultheißen, die schon manche Fuhre heil in den heimischen Hof befördert hatte, wusste es. Aber was sollte sie tun? Die Zügel hatte sie hilflos schießen lassen, und die Peitsche zu brauchen, empfahl sich kaum. Und als die Abenteurerin wider Willen mit dem Gedanken spielte, das verfluchte Gespann sich selber zu überlassen und einfach abzuspringen, tat der eine Ochse einen Satz zur Seite, dass die Deichsel in der Halterung krachte und brach. Der Erntewagen aber bäumte sich über der Wegböschung empor, schlug um und überschlug sich Mal um Mal den Abhang hinunter, während die Ochsen, von Gurten und Leinen losgerissen, in bockigen Sprüngen dorfeinwärts stürmten. Korngarben fetzten durchs Gelände und staubten wie im Sturm. Wagenräder rollten zu Tal, Latten des Karrenaufbaus splitterten.

Und was war mit dem Kätterle?

Den Bauern und Knechten auf dem Feld konnte die Teufelsfahrt nicht verborgen bleiben. Erst hatten sie unsinnig geglotzt, dann ihre Sensen und Hacken beiseite geworfen und waren gerannt und hatten gerufen. Den Namen der Stallmagd riefen sie und dass sie anhalten solle, bremsen, die Ochsen zügeln, den Wagen in die Spur bringen. All dies, was das arme Kätterle selbst zu tun versuchte, aber nicht zu schaffen vermochte. Sie sah sich einem Wüten ausgeliefert, das zu mäßigen ihre Kraft nicht reichte.

Als die Helfer über die Wegböschung den Hang hinabhasteten, stolperten und stürzten, hatte der Unglückswagen ausgetrudelt und lag still. Genauer das, was von dem einstmaligen Fuhrwerk übrig war. Ein Trümmerhaufen. Die Helfer wühlten im Gewirr von geborstenem Holz und verstreuten Garben und fanden die Magd mit ausgebreiteten Armen auf dem Rücken liegend, den Rock bis zum Hals hochgestreift, als sei ihr Gewalt angetan worden. Die Augen standen weit offen, das Haar hatte sich wie in einem festlichen Kranz um den Kopf gelegt. Aus beiden Mundwinkeln rann das Blut.

Kätterle, riefen sie ängstlich und beschwörend, während eine Bauersfrau an Mund und Herzen der Verunglückten horchte, ob noch Atem zu spüren sei. Sie erhob sich, bekreuzigte sich und nickte den anderen zu. Das entsprach nun nicht ordentlicher Sitte, dass man sich bekreuzigte, wie es anderswo die Römischen taten, sei es mit geweihtem Wasser, wozu es einen Priester brauchte, oder ohne. Doch im Augenblick der Not und des unsäglichen Erschreckens gerieten Anstandsregeln, auch solche des religiösen Anstands, leicht in Vergessenheit. Dann trieb nach oben, was früher einmal gegolten hatte. Es sprang wie von selber heraus, wie von einer gespannten Feder, die plötzlich gelöst wurde. Ob die brave Frau nach ihrer Bekreuzigung auch noch ein Ave Maria folgen ließ, war nicht mit Sicherheit auszumachen. Jedenfalls murmelte sie einiges vor sich hin, das vermutlich für himmlische Ohren bestimmt war.

Immerhin, das Kätterle war arg geschunden von Sturz und Überschlag, aber es hatte überlebt. Die starren Augen, die sich droben im sommerlich aufgetürmten Wolkenweiß zu verlieren schienen, holte sie allmählich auf den Sulzbacher Hang und zu den fragend über sie gebeugten Gesichtern zurück. Man fing an, den Oberkörper der Gestürzten aufzurichten und zu stützen, Blut abzuwischen, ihr Mut zu machen. Das Kätterle zitterte, als sei es von Frösten heimgesucht. Man bettete sie auf Stroh und wickelte ihren Leib in Tücher. Aber das Zittern wollte nicht enden. Auf Fragen gab sie keine Antwort, als verstünde sie kein Wort oder wüsste nicht, wo sie sich befand. Das Starre in ihrem Blick war einem Ausdruck heftiger Erschrockenheit gewichen. Und den Helfern dämmerte es, dass ihr Kätterle nicht nur von Wunden und Schmerzen geplagt war, sondern auch von Angst. Warum auch von Angst, das war augenblicklich nicht in Erfahrung zu bringen, und so entschlossen sich die Helfer, aus Brettern und Latten des zertrümmerten Wagens eine Trage zu basteln, auf die sie die arme Magd legen und einigermaßen schonend ins Dorf bringen konnten.

Drei Tage und Nächte lag das Kätterle in der Magdstube beim Dorfschultes Hans Nestel, der ein wackerer Schmied und ehrlicher Mann war. Er ließ sie mit allem versorgen. Ließ frisches Stroh aufschütten für ihr Lager und Kissen auftürmen unter ihrem Haupt. Das Kätterle fieberte, seufzte zum Erbarmen und schrie bisweilen. Die Nachbarin flößte ihr heißen Sud aus Bitterkräutern ein. Nahrung verweigerte sie. Ihre Augen hielt sie meist geschlossen und riss sie plötzlich in wildem Erschrecken weit auf, als sehe sie sich umlagert von Gespenstern. Man legte ihr kalte Tücher auf und band ihre Hände, die in dauernder Unruhe um sich schlugen, an den Bettpfosten fest. Der Wundarzt hatte seine Visite gemacht, einen Bruch von Knochen oder Rippen ausgeschlossen, Salben verabreicht und Umschläge verordnet mit gekühltem Frischkäse aus Ziegenmilch. Wenn das nicht fruchte, müsse man wohl zur Ader lassen.

Die Frau des Schultheißen sorgte für Tagwachen und Nachtwachen am Lager der Kranken. Die lasen aus der Bibel, beteten und schliefen auch ihre Zeit auf den harten Dielen.

Am Vormittag des vierten Tages schreckte das Kätterle hoch aus einem Traum, wies mit der Rechten zur Tür und schrie: „Aus! Aus! Sie soll draußen bleiben! Will sie nicht haben in meiner Näh'!"

Die Anna vom Nachbarhof, die gerade den Wachdienst versah, sprang auf von ihrem Schemel, griff das Kätterle bei den Schultern und nötigte sie zum Liegen. „Es ist doch nichts, Kätterle", suchte sie die Erregte zu beruhigen. „Lieg nur und schlaf, das macht dich gesund."

Aber das Kätterle war nicht aufgelegt zum Schlafen. Ihre Blicke flogen umher und fanden keinen Punkt zum Verweilen. „Ich hab sie gesehn", rief sie, „grad eben bei der Tür ist sie gestanden und hat mir gewunken und ein schiefes Maul gemacht und gelacht."

Die Anna, bei der nun auch die Neugier zu jucken anfing, beugte sich tief zum Kätterle hinab und flüsterte: „Sag, wer denn? Wen sahst du bei der Tür?"

Das Kätterle gab einen tiefen Seufzer von sich und murmelte: „Des Teufels Großmutter sah ich leibhaftig, bewahre mich der Himmel!"

Dann fiel sie zurück in ihre Kissen und atmete schwer. Anna war von der aufgeschnappten Antwort nicht eben gesättigt, sie hoffte auf weitere Offenbarungen und streichelte und beschmuste die Unglückliche, um sie behaglich zu stimmen und ihr Brauchbares für den Dorfklatsch zu entlocken. Und bald durfte sie sich auch nach ihren Mühen belohnt sehen. Das Kätterle begann nämlich zu reden, stockend, mit langen Pausen, aber in verständlichen Sätzen. Des Teufels Großmutter habe ihr aufgelauert, teilte sie mit. Früher schon, jetzt aufs Neue. Hinterm Busch habe sie gesessen, droben am Feldrain überm Sulzbach. Mit der Absicht, ihr böse dreinzufahren, wenn sie mit der Erntefuhre daherkomme gegens Dorf. Dort habe sie die Ochsen verwünscht und rasend gemacht. Eine wüste Grimasse habe sie aufgesetzt und mit den Armen gerudert und getan, als ob sie den Tieren auf den Hals springen wollte. Die hätten den Wahn gekriegt und mit den Beinen ausgeschlagen, dass kein Halten mehr gewesen sei, für eine schwache Magd schon gar nicht und auch nicht für den stärksten Fuhrmann.

„Und weiter?", drängte die Anna, die beim Lauschen von der Lust des Entsetzens heimgesucht wurde; „sag weiter, Kätterle, war's eine vom Dorf, die dir die Ochsen behext hat?"

Aber das Kätterle war nun erschöpft. Sie schwieg und entwich der Neugierigen in einen schnellen Schlaf.

Das Gerücht war durch den Ort gerast wie ein Zunder durch den Heuhaufen. Nicht mit rechten Dingen sollte es zugegangen sein beim verunglückten Ochsenkarren. Ochsen sind stumpfe und gemütliche Tiere. Da braucht's Teufelszeug, um sie aufzuregen. Mehr als Menschenmögliches, um einzubrechen in ihre harten Schädel und darin Verwirrung zu stiften. Gewiss lag das arme Kätterle im Fieber. Doch warum im Fieber? Sie war verletzt, aber nicht eigentlich krank. Es fieberte keine Influenza in ihr, nur die Knochen taten weh, und Hautabschürfungen brannten. War ihr Fieber nicht Teil der Behexung, der sie ausgesetzt sein mochte? Und konnte sie denn nicht zuverlässig gesehen haben, wie ein gespenstisches Wesen hinter den Büschen herumgegeistert war?

Der Schultheiß mahnte und beschwichtigte. Man solle die Kirche im Dorf und die Fieberreden vom Kätterle in deren Krankenbett lassen. Und zu den hellsten zähle sie nicht mal, wenn sie bei Sinnen sei. Außerdem habe sie keinen Namen genannt und nicht ausgepackt, wer sich am Ende verbergen solle hinter des Teufels Großmutter. Da könne manch heftiger Zecher im Ort, wenn er spät abends heim gekommen und Bekanntschaft mit dem Nudelholz gemacht habe, anderntags zu seinen Beulen erklären, ihm sei des Teufels Großmutter erschienen. Die Lacher hatte der Schmied auf seiner Seite, doch das Gerücht schlich weiter umher und verstummte nicht.

Es kroch auch den Klosterberg hinan und vor die Ohren des Propstes Johann Magirus. Der war ein nüchterner Mensch und Verwalter von Gütern in gehobener Stellung. Ja, auch betraut mit geistlichen Ämtern. Als Klosterpropst und Generalsuperintendent. Und in allem dem Herzog in dessen Stuttgarter Residenz verpflichtet. Der war ja seinerseits Landesherr und Kirchenpatron in einem, nach evangelischer Ordnung der kirchenrechtlichen Fragen, die sich aus der Reformation ergeben hatten. Eine Übergangslösung hatte es sein sollen nach Luthers Willen, eine vertrackte Lösung war's geworden über lange Zeit. Der Augsburger Religionsfriede hatte zementiert, was im Grunde gar nicht dauern sollte. Seitdem besprenkelten größere und kleinere Territorien die Landkarte, in bunten Mischungen konfessioneller Zugehörigkeit, und das Bekenntnis der jeweiligen Landesfürsten diktierte das Bekenntnis ihrer Untertanen: *cuius regio, eius religio.*

War das die gewünschte Freiheit des Evangeliums? Und die proklamierte Freiheit der Christenmenschen?

Ein Klosterpropst, der zu alten Zeiten niemandem Rechenschaft schuldete, allenfalls – in ganz frühen Tagen – dem Patriarchen von Jerusalem, hatte jetzt, evangelisch gewendet und in seinen Befugnissen beschnitten, dem herzoglichen Regiment zu entsprechen, wenn er Ärger für seine Person und sein verbliebenes Reich vermeiden wollte. Magirus schickte sich ins Gebotene und leistete sich keine Leidenschaften. Sie kosteten viel und erbrachten wenig. Ein Dienst nach Vorschrift mochte langweilig sein, doch er garantierte Sicherheiten. Die Pfarrer im Umland visitieren, säumigen oder aufmüpfigen Bauern oder Leibeigenen auf den Klostergütern hier und da die Köpfe zurecht rücken, Einkünfte registrieren, sortieren, abführen, dies alles verlangte mäßige Anstrengungen, zumal ein herzoglicher Verwalter ihm zur Seite stand. Rechtshändel mit den Dörfern, die dem Kloster zugehörten, waren an der Tagesordnung und kein Grund zu Aufgeregtheiten. Mal ging's um die Nutzung von Klosterwiesen, auf die Bauern ihre Schafe trieben, weil sie günstig zu deren Ställen lagen. Dann ging's um Holzeinschlag in den Klosterwäldern, wenn Dörfler sich nicht bloß mit Fallholz begnügten, sondern die Axt anlegten oder mit ihren Messern Birkenzweige schnitten, die ihnen nicht zustanden. Und dann wieder ums Schafhaus, dessen Instandsetzung aus Klostermitteln zu bestreiten war.

Mit theologischen Studien hielt sich der Propst nicht unnötig auf. Auch hier beschränkte er sich auf Geschäfte, die verlangt waren. Auf das Predigen insbesondere. Diverse Richtungen, die in der Universitätstheologie eingeschlagen wurden und die sich untereinander in die Quere kamen, nahm er nur eben zur Kenntnis und verzichtete auf Parteinahmen. Dass sich die Römischen allenthalben auf dem Vormarsch befanden und mit Jesuitenwitz, päpstlicher Kunst und bayrischem Trotz die konfessionellen Entwicklungen zurückdrehen wollten, war ihm bewusst; aber es ängstigte ihn nicht. Und ein Griff nach dem Kloster war nicht zu befürchten, solange der Herzog seine evangelische Hand darüberstreckte und die Kaiserlichen sich zurückhielten. Sollte es irgendwann anders kommen, mochte nach einem vergangenen Propst, der evangelisch geworden war, ein neuer ausersehen sein, die katholische Messe wieder zu singen und einem Mönchskonvent vorzustehen.

Der Propst beschloss, was ihm vom Dorfklatsch ums Kätterle, um die verteufelte Ochsentour und deren schwarzmagische Umstände zugetragen wurde, in seiner Sonntagspredigt aufzugreifen. Da liebte er's deftig und nicht diffizil. Und so reckte und streckte er sich auf der hohen Kanzel und trug das Bibelbuch in Händen, das er jedoch geschlossen hielt und zur Bekräftigung seiner Lehren wiederholt auf die Kanzelbrüstung schmetterte. Die verschreckte Sonntagsgemeinde, die sich mehr pflichtschuldig als andachtsfreudig eingefunden hatte, zuckte bei jedem Paukenschlag mit der Heiligen Schrift zusammen und wurde auf solche Weise mit der Gewalt des Wortes bekannt gemacht.

Zum ersten sei es eine grobe Sünde und Schande, befand der Propst, dass man vor Trugbildern des Aberglaubens die Kerzen anzünde im Dorf. Als ob man in Sümpfen und Wäldern unter Heiden lebe. Von des Teufels Großmutter sei die Rede, habe er vernommen. Die sei dem Kätterle erschienen und habe die Ochsen vor der Erntefuhre des Schultes vergrault und den Wagen zum Sulzbach hinabpoltern lassen. Potz Schwerenot! das ergebe nun aber eine verfluchte Auszeichnung fürs Kätterle und fürs ganze Dorf, wenn des Teufels Großmutter sich ausgerechnet der Schultesmagd offenbare, ohne irgend anderswo im Land herumzuspuken. Und was sie nun grade am Ochsengespann vom Schultes so anziehend finden sollte, entziehe sich seinem Begreifen. Die hätten ja nicht mal das Zeug, stößig zu werden; bei der Kuh im Stall nicht und ebenso beim Teufelsweib aus den Höllentiefen.

Zustimmendes Nicken einiger Bauern, die diesem Teil der Predigt praktischen Wert und Überzeugungskraft beimaßen, ermunterten den Propst, bei der angeschnittenen Sache zu verweilen.

Zum zweiten, rief er mit erhobenem Arm, möge man das dicke Bibelbuch durchblättern von vorn bis hinten und werde auf keiner Seite, in keiner Zeile von des Teufels Großmutter lesen. Und wovon die Bibel nichts wisse, das sollten die Bauern nicht besser wissen mit ihren Eckschädeln. Der Luther habe es erklärt und habe dafür gelebt und gelitten, dass die Bibel zu achten sei und nicht vieles außerdem. – Und der Propst griff wieder nach dem mächtigen Buch und knallte es auf die Kanzel. – Aber der Luther gelte ja nichts, auch wo man sein Bild gerahmt überm Bettkasten habe. Sein Katechismus sei ihnen eingebläut worden, mit Kopfnüssen und Backenstreichen wahrscheinlich, doch das sei bei ihnen bloß knapp unter die Haarwurzeln gedrungen und nicht recht in den Kopf und gar nicht ins Herz. Dass du nicht andere Götter haben sollst neben dem Herrn, verlange schon das erste Gebot, und zu der sechsten Bitte des UnserVaters gegen die Tücke der Versuchung habe der Meister aus Wittenberg die Weisung ausgegeben, dass man sich hüten solle vor allem Teufelszeug und sich enthalten solle aller Schwarzkunst und Zauberei. Und weil sie bestimmt keine Ahnung mehr hätten, wie sich das anhöre in Luthers Katechismus, wolle er ihrer Schwachheit aufhelfen und die Weisung im Wortlaut vortragen: „Gott versucht zwar niemand; aber wir bitten in diesem Gebet, dass uns Gott wolle behüten und erhalten, auf dass uns der Teufel, die Welt und unser Fleisch nicht betrüge noch verführe in Missglauben, Verzweiflung und andere große Schande und Laster."

Beim Teufel und dem Missglauben sowie der großen Schande und dem Laster hatte der Propst in rhythmischer Folge wieder das Buch auf die hölzerne Brüstung geschlagen, damit jedem im Kirchenschiff eingehämmert werde, worum es ging.

Zum dritten verwies Propst Magirus auf den Kanzelfuß. Da stehe eine Jahreszahl. Und zwar die Zahl 1518. Zu fürchten sei, dass die Zahl ihnen nichts bedeute, weil sie nichts wüssten von der ehrwürdigen Geschichte ihres evangelischen Bekenntnisses. Da wolle er sie ein bisschen belehren. Im Jahr 1518 – da sei die Reformation im sächsischen Wittenberg schon eine Weile aus dem Ei geschlüpft und auch bereits aus dem Nest gekrochen. Da habe der Luther seine Sache gegen Rom und die Päpstlichen längst angezettelt und sich für die Reinheit des Gottesworts und die Wahrheit seiner Auslegung verkämpft, aber die Römischen hätten sich daran gemacht, ihre Schlingen zu binden und die Netze zu flicken, worin sie den singenden Vogel aus Wittenberg zu fangen und zu erwürgen hofften. Doch ihr gottloses Werk sei von Gott nicht gesegnet gewesen. Und so hätten sie zurück gemusst in ihre Löcher und warten, ob dem Luther vielleicht von den Reichsfürsten übel mitgespielt und die Flügel gestutzt oder der Hals umgedreht würde. 1518 also. Da sei hierzulande noch alles altgläubig gewesen, und die alte Messe sei gelesen worden vor dem Klosteraltar, und Weihrauchschwaden seien um die Pfeiler gezogen. Und trotzdem: 1518 sei diese

Kanzel aufgestellt worden an ihrem Platz vor Altar und Chor, und das sei ein Zeichen gewesen für die Bedeutung der evangelischen Predigt, auch wenn's damals kein Aas begriffen hätte. Und das sei noch heute nicht grundlegend anders. Doch sollten sie beherzigen: Wer fleißig und innig zur Kanzel aufschaue, der müsse nicht heimlich in schwarze Mixturen aus Katzenfett, Essig, Vogelfedern und Mäuseblut schauen, um zu erfahren, was für ein Schicksal ihm blühe.

Und dann zum vierten und letzten: Für ausnehmend schändlich habe zu gelten, dass ein Dorf voller Protestanten dem abgeschmacktesten Aberglauben nun gerade in diesem Jahr seine Tore und Türen auftue. Man schreibe das Jahr 1617. Ein volles Saeculum sei vergangen seit Ausbruch der Reformation in deutschen Landen. Was sie bewirkt habe, diese luthersche Reformation an Haupt und Gliedern über hundert Jahre hin, das möchte er nicht zu beurteilen haben, weil's eher traurig als fröhlich stimmen könnte. Doch erinnern sollte man sich. Erinnern und gedenken. Und dem Himmel lobsingen, dass er einen wackeren Streiter im Geiste gerüstet und als Professor der heiligen Theologie nach Wittenberg gesandt habe, wo er seine Thesen gegen den Ablass angeschlagen und die Grundfesten der papistischen Lügengebäude erschüttert habe. Das sei am 31. Oktober 1517 geschehen. Beim 31. Oktober 1617 seien sie zwar noch nicht ganz angekommen im Kalender, aber es sei nicht lange bis dorthin, und der Herzog Johann Friedrich habe schon Instruktionen ausgehen lassen, die dem Denkendorfer Volk hiermit angezeigt würden.

Nämlich so: Beim Konventstag der protestantischen ‚Union‘ zu Heilbronn habe im Frühjahr der Kurfürst Friedrich von der Pfalz den Anwesenden vorgeschlagen, eine Saecularfeier zu Ehren Martin Luthers und seines Reformationswerkes anzuberaumen. Die sollte in allen Ländern evangelischen Bekenntnisses und in allen Kirchen und Fakultäten der Theologie durchgeführt werden. Am besten drei Tage lang um den 31. Oktober herum, der dieses Jahr auf einen Sonntag falle. Das Ganze mit Gottesdienst und Gesang und festlichen Vorträgen. Kein Volksfest, sondern eine Glaubensfeier. Nicht für Jux und Unterhaltung, sondern zur Stärkung der Gewissen. Zwar sei er leider Calvinist, dieser

Kurfürst von der Pfalz, und deshalb evangelisch mit gewissen Abstrichen, aber der Vorschlag wäre gut und sei allseits begrüßt und angenommen worden. Soweit der Arm der ‚Union' eben reichte. Kursachsen stünde beiseite und brütete über eigenen Plänen. Württemberg aber halte zum Bündnis und habe die Anregung der Heidelberger freundlich begrüßt. Der Herzog erteile nun „gnädigen Befehl", das Fest würdig auszurichten, an Luthers Leben und Wirken beispielhaft zu erinnern und das Banner der reformatorischen Wahrheit über allen Dörfern und Städten zu hissen. Dem Volk zur Mahnung und Gott zur Ehre!

Und das sei nun der Punkt, schloss der Propst, wo Buße fällig sei und eine große Reinigung der Gewissen mit Wurzelbürste und Seifenschaum, dass das Volk nicht wie ein Haufen besessener Säue durchs Dorf fahre, denen der böse Geist erst gewaltsam auszutreiben wäre wie weiland durch den Herrn, als er behexte Schweine in den See schickte, worin sie allesamt ersoffen.

Der herzhafte Ton der Propstpredigt hatte Eindruck gemacht, aber nicht lange vorgehalten. So ist das beim Volk. Es lernt schwer, zumal wenn's gegen seine Natur geht. Und die schätzt das Außergewöhnliche, das Bizarre und Verrückte. Ordnung langweilt, Chaos erregt. Wenn die Katze die Maus fängt, sagt keiner ein Wort. Doch gäb's eine Maus, der's gelänge, Katzen zu fangen, wär's Gruseln groß unter den Leuten und sie hörten nicht auf, den Fall zu traktieren.

Das Kätterle war eine Maus. Unauffällig und verhuscht hatte sie gewöhnlich ihre Aufgaben erfüllt, hatte die Diele gekehrt, Wäsche gewaschen und im Stall die Tiere vom Schultes versorgt. Beim Aufstehn in der Frühe war sie die erste und die letzte zur Nachtruhe spät. Widerworte kannte sie nicht, überhaupt waren Worte und Reden nicht ihr Gebiet. Am liebsten saß sie für sich in der Gesindekammer und nähte an Schürzen und Röcken. Oder jätete draußen im Garten, wenn die Mittagssonne Beete und Blumen zum Leuchten brachte.

Doch das Kätterle hatte mit einem Mal aufgehört, eine Maus zu sein. Eine Wandlung, die mit dem Unglückssturz am Sulzbach zusammenhängen musste, drehte sie um, außen und innen. Wo sie zart gewesen war, wurde sie grob. Wo sie Demut bewiesen hatte, zeigte sie Zorn. Ihr Krankenlager quittierte sie plötzlich und wie im Sturm und fuhr mit Schaufel und Besen durch den Stall, als müsse sie allen Dung der Welt mit einem Schlag auf die Miste schaffen. Statt zu arbeiten wütete sie. Die Tiere duckten sich in ihrer Nähe, und die Hausgenossen wunderten sich. Die holt nach, was sie seit Tagen versäumt hat, sagte der Schultes, um aufs Abnorme einen Schein des Normalen fallen zu lassen.

Es war absehbar, dass die Arbeitswut nicht ungebrochen anhalten konnte. Sie verebbte nach wenig Tagen. Die Erregung wich einer seltsamen Lähmung. Das Kätterle konnte reglos auf einer Treppenstufe hocken und in die Flurecke starren. Die Straße überquerte sie rücksichtslos wie eine Schlafwandlerin. Und was der Schultes von ihr verlangte, kam gar nicht an und rührte sie nicht. Statt die Ziegen zu melken, lief sie zur Körsch hinunter, saß am Ufer und schaute den Wellen zu bei der Brücke und bildete kleine Wehre im Wasser mit ihren bloßen Händen.

„Sie hat einen Schaden davongetragen im Kopf, das erkannte man nicht nach dem Sturz, aber es muss wohl so sein", sagte der Schultes. Er wusste, dass andere heimlich schon anderes sagten. Am Biertisch munkelten die Bauern, und auf der Tenne tuschelten die Mägde von Zusammenhängen der geheimnisvolleren Art, von missgünstigem Nachtgelichter, das niemand zu Gesicht bekomme außer denen, die ihm verfielen. Und hatte das Kätterle nicht selber bezeugt, dass eine Ausgeburt der Finsternis ihr zugesetzt habe, in der sie des Teufels Großmutter zu erkennen meinte?

Als die zwei Kinder des Schultheißen über Stunden vermisst und bis zum Abend nicht entdeckt wurden, suchte das halbe Dorf nach ihnen mit Hunden und lautem Geschrei. Man traf sie droben am Erlachsee, als die Sonne längst den Sommertag verabschiedet hatte und Nachtkühle aufkam. Das Kätterle hatte die Kinder ausgezogen und tunkte sie unter Wasser, rieb die kleinen Körper trocken mit ihrem

Wollrock und tauchte sie wieder. Man entriss ihr die Kinder, und der Schultes rüttelte seine Magd, als wolle er einen bösartigen Wahn herausschütteln aus ihrem Leib. Die sah nur mit großen Augen um sich und stammelte: „Rein müssen sie doch werden ... die Kinder ... wenigstens sie, die Kinder ... rein."

Die Geduld des Schultheißen war erschöpft nach diesem Erlebnis. Er wies das Kätterle aus seinem Haus und aus seinem Dienst. Das Armenhaus draußen am Ortsrand sei eine jämmerliche Kate, aber unbewohnt zur Zeit, da könne sie sich einrichten und bleiben, wenn sie kein Unheil herbeiführe und dem Dorf seinen Frieden lasse. Für Nahrung solle gesorgt sein, einen Ofen und das Nötigste zum Leben werde sie vorfinden am Ort.

Die Dorfbewohner wichen dem Kätterle aus und das Kätterle den Dorfbewohnern. Aber beäugt wurde sie aus den Augenwinkeln, und geschlossene Vorhänge an den Fenstern verschoben sich, wenn das Kätterle auf der Straße vorüberging. Sie grüßte keinen und erwartete keinen Gruß, und manche behaupteten, sie hätten ihren Blick erhascht, der sei feurig und kalt zugleich gewesen und jedenfalls zum Fürchten.

Was nicht ausbleiben konnte, stellte sich ein. Das Dorf hatte im Kätterle bald die Ursache für mancherlei Schaden und Verdruss gefunden, selbst wenn man's nicht auftischte in der Gemeindeversammlung, sondern nur weitergab hinter vorgehaltener Hand. Dem war die Kuh beim Kalben verreckt, die beste Milchkuh im Flecken, die keine Not kannte beim Kalben in früheren Jahren. Jenem hatten Myriaden von Schnecken die schönsten Salatbeete kahl gefressen, ohne ein Blättchen übrig zu lassen. Dem dritten hatten Fallwinde den Kaminruß gelöst und mit gewaltigem Puff die Küche mitsamt der guten Stube eingeschwärzt. Und dem vierten war ein Ziegel vom Dach geradewegs vor den Füßen zerschellt und hätte ihn um ein Haar zu Tode geschmettert. Ei, sieh da! Sieh da! Die Fälle häuften sich, bei denen es nicht mit rechten Dingen zugehen konnte, und es brauchte keinen Detektiv, um auszuforschen, was dahinter steckte – und vor allem: wer. Man erinnerte sich auch, dass die einstige Schultesmagd von sich gegeben hatte, sie sei nicht bloß das eine Mal, sondern früher schon mit des Teufels

Großmutter zusammengetroffen. Früher schon! Und hatte es nicht vor wenig Jahren eine verheerende Feuersbrunst gegeben im Dorf, der neun Häuser und einige Stallungen und gutes Vieh obendrein zum Opfer gefallen waren? Und niemals war herausgefunden worden, wodurch der Brand entfacht und kräftig geschürt worden war. Einen Stuttgarter Soldaten hatte man verdächtigt, dessen Kumpan einen Denkendorfer erschlagen hatte und der gerichtlich belangt, verurteilt und geköpft worden war. Doch man musste ihn laufen lassen, weil der Anschlag nicht ausreichend zu beweisen war. Keineswegs aufgegeben wurde aber der Brandstifterverdacht und der legte sich nach den neuen Ereignissen und Vermutungen wie ein Henkerskleid um die Schultern vom Kätterle. Erst raunte man von ihrem Behextsein, dann schwatzten sie über ihre Hexenkünste und deren dreiste Anwendung im Dorf, das ihr sogar noch Armenrecht gewährte.

So war es also heraus, und als es heraus war, hatte es schon die Geheimnisschleier eingebüßt, die dem Argwohn eigen sind und seine Phantasien beflügeln. Das Kätterle war eine Hexe! Zu rätseln gab es nun nichts mehr, allenfalls ihre Schliche zu beobachten und sie zu ertappen auf frischer Tat. Daraus mochte ein Sport werden, grad für die Jugend.

Die Hexenjagd war nicht neu, in Württemberg nicht und in Gegenden jenseits des Main schon gar nicht. Zur selben Zeit wie Kätterles Fall in Denkendorf spielte sich Ähnliches ab in prominenteren Kreisen zu Leonberg. Dort wurden im Zeitraum von fünf Monaten gleich sechs Urteile wegen Hexerei gesprochen und die Beschuldigten gerichtet. Und gegenwärtig war ein Verfahren anhängig gegen Katharina Kepler, die Mutter des längst berühmten und zu kaiserlichen Diensten erhobenen Astronomen und Mathematicus Johannes Kepler. Der saß als Professor in Linz und musste zur Kenntnis nehmen, wie man seiner Mutter daheim den Garaus zu machen suchte. Nicht, dass er seiner Mutter von Herzen zugetan gewesen wäre oder sie mit Kindesehrfurcht übermäßig bedacht hätte. Er verschwieg keineswegs, dass er sie für eine Frau rauer Sitten hielt, und sein windiger Bruder Heinrich verstieg sich öffentlich zu der abenteuerlichen Behauptung, seine Mutter sei eine Hexe und habe ein Kalb zuschanden geritten. Das entlastete schwerlich eine alte, verbitterte und ungeliebte Person, die obendrein ihrer äußeren Erscheinung nach einem herrschenden Bildprogramm von der hässlichen Hexe sehr nahe kam. Anklage wurde erhoben und ein langwieriger Prozess in Gang gesetzt. Ausschlaggebend wurde dabei eine recht heimtückische und ausgekocht intrigante Person, Ursula Reinbold, die Katharina Kepler öffentlich beschuldigte, ihr in falscher Freundschaft einen zauberischen Trank verabreicht zu haben, um ihre Gesundheit zu ruinieren. Sie sei eine Giftmischerin und Hexe. Mit ihren drastischen Verleumdungen hatte die Klägerin einen beachtlichen Erfolg, legte ihrer Gegnerin weitere Fälle von Schadenzauber zur Last und verfolgte zusammen mit ihrem Mann ein jahrelanges Kesseltreiben gegen die Beschuldigte. Im Leonberger Vogt Lutherus Einhorn, den sie geschickt auf ihre Seite zu ziehen verstand, fand sie einen eifrigen Parteigänger, der im gesamten Prozessverlauf eine fatale Rolle spielen sollte.

Der berühmte Sohn, der sich in der Fremde Leomontanus nannte, suchte ebenso wie sein Schwager, der als Pfarrer in Heumaden (Stuttgart) amtierte, der bedrängten Mutter beizustehen. Bereits im Sommer 1616 hatte er bei den Leonberger Kriegsvögten den Antrag gestellt, seine Mutter nach Linz holen zu dürfen, und im Dezember 1616 traf sie, begleitet von ihrem Sohn Christoph, dort auch tatsächlich ein. Von ihren Widersachern wurde ihr die Reise allerdings sogleich als Flucht ausgelegt, um sich einer drohenden Strafe zu entziehen. Und als sie Ende August 1616 ins Württembergische heimkehrte, wurde der unselige Prozess mit seinen zahllosen Winkelzügen gegen sie fortgesetzt. Die herzogliche Bewilligung einer erneuten Ausreise nach Linz, die Johannes Kepler im November 1617 erwirkt hatte, schlug die Angeklagte aus. Sie wollte nun unter allen Umständen ihr beleidigtes Recht zurückgewinnen und blieb standhaft, sogar unter der Androhung von Foltermaßnahmen und in den Tagen einer schweren, für die gealterte und geschwächte Frau lebensgefährlichen Kerkerhaft.–

Das Kätterle wusste von alledem nichts, wie sie auch sonst das Weltgeschehen unbeachtet an sich vorbeiströmen ließ. Natürlich kam ihr zu Ohren, dass sie der Hexerei bezichtigt wurde, und die Kinder in den Gassen schrien es ihr hinterher. Sich zu wehren dagegen oder sich zu rechtfertigen vor den Leuten, kam ihr nicht in den Sinn. Sie hätte selbst nicht einmal zu entscheiden gewusst, ob die Vorwürfe gegen sie völlig aus der Luft gegriffen waren. Und so hauste sie in ihrer Armenkate und hatte bloß Sorge, nicht aufzufallen im Dorf und keinen Unmut zu erregen.

Das zog sich ein paar Wochen hin, bis es zum Eklat kam. Der Propst musste einschreiten, Scharfmachern und gewaltbereiten Rädelsführern den Kopf zurecht rücken und das Kätterle zu sich ins Kloster nehmen.

Was war vorgefallen?

Ein Hausierer, der regelmäßig vom Neckar durchs Körschtal hinaufzog, um Waren aus seinem Tragekorb in den Dörfern feilzubieten, hatte unterhalb der Mühle einen Fisch gefangen und, als er bei Kätterles Kate vorbeikam, angefragt, ob er ihn zurichten und braten dürfe in ihrer Pfanne. Ein ordentliches Stück sollte für sie abfallen dabei. Das Kätterle hatte eingewilligt, und bald saß man zu Tisch miteinander und verzehrte den Fisch und war guter Dinge.

Abends gönnte sich der Hausierer einen Schoppen, und er saß nicht allein in der Gasthausstube. Man schwatzte übers Wetter und über Preise und Abgaben und Dienstleistungsdrangsal beim Kloster und dem Herzog. Vom Hausierer erfragte man Neuigkeiten aus der ferneren Welt, von der Alb und von der Donau und aus Ulm, wohin ihn seine Handelswege führten. Irgendwann, bei fortgeschrittener Tageszeit und nach gestiegenem Weingenuss, kam die Sprache darauf, dass der Hausierer einen Fisch gefangen hatte in der Körsch, und nicht genug damit: Er hatte ihn beim Kätterle zubereitet und einträchtig mit ihr zusammen verputzt.

Das war nun ein Thema!

Die Bauern zogen die Brauen hoch und stießen einander in die Rippen. Da schau, beim Kätterle. Wie er denn gemundet habe, der Fisch, wollte man wissen, und ob er auch Gräten besessen habe, als sie ihn zerlegten. Der Hausierer verwunderte sich, und es war klar, dass er von den Besonderheiten, die die Kate und ihre Bewohnerin betrafen, keinen Schimmer hatte. Den Zechern in der Runde gefiel es so. Sie begannen, dem herbeigeschneiten Gast einen Schoppen um den andern zu spendieren, dass der sich ganz komfortabel aufgenommen und fürstlich bedient fühlte. Und er war nun trotzdem nicht der Ehrenmann, den man hofierte, sondern die Zielscheibe, auf die man Spottpfeile in Serie abzuschießen gedachte.

Der Klostermüller tat sich hervor mit der Frage, ob dem Hausierer nichts aufgefallen sei am Auge des Fischs auf dem Teller. Ja, wirklich nicht? Und ob es ihm nicht so erschienen wäre, als schaue ihn das Auge vom Kätterle selber an aus dem Fischkopf, streng und prüfend? Und die Schuppen vom Fisch, legte ein zweiter nach, ob die nicht mählich in der Pfanne zur Schwarte gebraten seien, fett und knusprig wie vom Eber? Es sei vorgekommen beim Kätterle, wusste ein dritter, dass eine streunende Katze, die vom Fischabfall hinter der Kate gefressen hatte, wie ein Zeisig zu singen begonnen, alsdann eine Eiche erklommen und sich von deren Wipfel herab zu Tode gestürzt habe.

Längst hatte der Hausierer in fortgeschrittener Weinseligkeit das Vermögen eingebüßt, vernünftig zu urteilen und ernsthafte Nachrichten von phantastischem Ulk zu unterscheiden. Er stierte ins Glas und bestaunte die Trinkgenossen. Die aber trieben den Klamauk auf die Spitze, indem sie zuerst wie verblüfft, dann verschreckt und am Ende mit allen Anzeichen des Entsetzens dem geplagten Mann bedeuteten, wie er dabei sei, sich sichtbar zu verwandeln. Ein Maul, um viel zu schlucken an Flüssigkeit, sei ihm ja eigen gewesen von Anbeginn; aber jetzt werde zusehends ein Fischmaul daraus mit schnappenden Kiefern. Und Schuppen, ja, sehe er's nicht selber? Die Haut auf den Armen verwandle sich in Schuppenhaut, die bereits rau und schorfig wirke, wenn man drüber fahre mit dem Finger. Und so weiter. Den Heimischen juckte das Fell, und dem Fremden zog sich das Herz zusammen. Da werd ich selber recht zu einem Fisch, lallte er mit schwerer Zunge und dumpfem Hirn. Wohl möglich, wurde ihm erwidert, denn das Kätterle, bei dem er Platz genommen habe und gespeist mit Lust und Laune, das sei nun mal eine Hexe. Die bespreche das Vieh, bis es toll werde und zaubere dem Schultes die Gänse aus dem Stall vor dessen Schlachtfest zu Martini.

Als der Hausierer unter dem Eindruck des Schicksalhaften, das sich grausam über ihm zusammenbraute, stiller und immer stiller wurde, bescheinigte man ihm ungerührt, dass er nun auch noch stumm werde wie ein Fisch. Doch das hörte er schon nicht mehr. Er hatte in düsterer Ergebenheit die unausweichliche, weil auf Zauberkraft beruhende Verwandlung zum Fisch angenommen, sich gegen Mitternacht schweigend erhoben und grußlos und schwankend den Schankraum verlassen. Die andern ließen ihn laufen und fragten nicht, wohin.

In der Frühe des folgenden Tages fischte der Klostermüller seine Leiche aus dem Bach. Die halbwegs ernüchterten Köpfe, die zuvor mit dem armen Fremdling ihren Spaß getrieben hatten, beeilten sich nun, ihre Finger rein zu waschen und die Schuld an der Tragödie anderswohin umzuleiten. Ja, und wohin wohl? Zum Kätterle natürlich und zu ihrem Fischessen mit dem unglückseligen Wandersmann. Was abends noch launiger, fix aus Weindunst und Übermut gesponnener Blödsinn war, wurde am Tage umgeschrieben zu Zeugnissen lauterer Wahrheit.

In der Tat, das Kätterle habe den Fisch gebacken und währenddessen heimlich verhext. Um dem Mann, der den Satansbraten ahnungslos zu sich nahm, den Wahn einzuimpfen, er sei selber ein Fisch, der dringend zurück müsse in sein ureigenes Element. Und da sei er halt in die Körsch gesprungen bei Nacht und elend umgekommen darin.

Die Sache spitzte sich weiter zu, als einige Miene machten, dem Kätterle aus Anlass dieser verruchten Schandtat endgültig den Strick zu drehen. Das Weib gehöre vors Gericht und auf den Scheiterhaufen. Der Schultes protestierte und rief zur Besonnenheit. Vom Wirt in der Schänke hatte er Auskünfte über den Verlauf der nächtlichen Zecherei eingeholt und unter Zittern und Zagen des Zeugen immerhin Klärendes in Erfahrung gebracht. Dies steckte er dem Propst bei nächster Gelegenheit, der über die ganze Affäre ungehalten war und nicht ruhte, bis er die hirnlosen Panikmacher dingfest gemacht, zu sich auf den Klosterberg bestellt und nach allen Regeln seiner rhetorischen Kunst zusammengestaucht hatte.

Das Kätterle aber ließ er zu sich ins Kloster holen. Da werde sie über dem Kapitelsaal, in den alten Schlafräumen der ehemaligen Klosterschüler, ein ruhiges und geschütztes Plätzchen finden. Und wenn sie wolle, dürfe sie am Gesindetisch ihre Mahlzeiten einnehmen. Wo nicht, werde sich eine andere Lösung ergeben.

Die unschuldig Verfolgte ließ sich's gefallen und verkroch sich im Kloster. Alle Dienstleute waren angewiesen, ihr freundlich zu begegnen und Häme und Anzüglichkeiten zu unterlassen. Das ging so, wie es ging. Belästigt wurde sie von keinem, aber man ging ihr auch strikt aus dem Weg, streifte sie argwöhnisch mit scheelem Blick. Das Kätterle spürte keine Neigung zu reden, und es redete auch keiner mit ihr. Sie war geduldet, nicht willkommen. Über Stunden konnte sie still am Fenster ihres Schlafplatzes sitzen und hinunterschauen ins Tal, zum Maierhof, wo sich die Enten sammelten, die vom Bad im nahen Bach herüberkamen und in der Sonne ihr Gefieder putzten. Es war ihr wie ein Bild vom Frieden, und sie sehnte sich nach Frieden. Die Angriffe der Menschen hatten sie getroffen, wie Hagelschauer die Kirschblüten treffen im Frühling. Zart und verletzbar war sie gewesen und hatte gelitten ohne Klagen. Nur nachts wurde ihr Kopfkissen feucht von Tränen. Wenn sie Fragen quälten, warum man ihr Böses tat und Schreckliches nachsagte, wurde sie traurig und verschloss sich in ihrer Ratlosigkeit. Vielleicht war sie wirklich vom Zauber befallen und wusste nicht wie. Das Unglück mit dem Erntewagen wiederholte sich in ihren Träumen, das Gespenst grinste aus den Büschen, die Ochsen keilten aus, und der Wagen kollerte den Hang hinab und begrub sie unter sich.

Manchmal schlich sie durch den Kreuzgang, wenn niemand in der Nähe war, bestaunte das Geflecht der Rippen im Gewölbe und die Pracht der Schlusssteine. Dann konnte sie das Kloster wahrnehmen wie ein herrliches Schloss und sich selbst wie eine verwunschene Prinzessin darin. In die Kirche schlüpfte sie gern, lieber vorn zu Chor und Altar als hinten zur wuchtigen Vorhalle, die kalt und düster wirkte mit ihren pröpstlichen Grabmälern und den gewaltigen Pfeilern, die gemacht schienen, den Himmel zu tragen.

Am Altar stand sie lange beim Bild des Schmerzensmannes, der sie ansah mit matten Augen und der sie verstand. Die geflochtene Krone aus Dornen war ihm hart auf den Kopf gedrückt, dass Fäden von Blut über Stirn und Hals bis zur Brust hinabbrannten. Den Mund hatte er leicht geöffnet, als wollte er etwas sagen. Mit der angewinkelten Rechten wies er auf die Wunde in seiner Seite, die Linke war erhoben zum Segen.

Dies war das Tröstliche fürs Kätterle, wenn sie dem Schmerzensmann gegenübertrat. Er konnte den Segen spenden und tat es bei ihr ohne Vorbehalt. Leiden war ihm nicht fremd, und er kannte die bittere Lust der Menschen, Schmerz und Qualen zuzufügen ohne Grund. Er selbst war zum Gipfel der Folter hinauf und zum Abgrund der Hölle hinabgestiegen. Und hatte die Grabkammern des Todes erfüllt mit seinem erwärmenden Licht. Der da vor ihr stand, übersät mit Wunden an seinem Leib, hatte Macht, um Wunden zu heilen. Auch ihre. Und mehr noch als sichtbare die verborgenen Wunden der Seele.

An einem späten Nachmittag, als das Kätterle aus der Kirche und vom Altar zurückgekehrt war und die Tür zu ihrem Schlafraum verschlossen hatte, fand sie auf dem Bord unterm Fenster eine Vase mit Wiesenblumen vor. Eine farbenfrohe Mischung aus Blüten und Gräsern, die kunstlos zusammengefasst und mit Wucht in den Hals der Vase hineingepfropft waren. Das Kätterle lächelte – seit wann zum ersten Mal wieder? – und machte sich daran, den Strauß zu ordnen, seine Fülle auszudünnen, das Gegensätzliche zu versöhnen. Dann setzte sie sich und schaute die kleine Symphonie aus Farben und Klängen lange an. Ja, auch aus Klängen! Ihr war, als spielten die Halme und Blüten und Gräser miteinander, leise, kaum vernehmbare, doch innig berührende Melodien. Sie hörte es, wenn sie aufmerksam hinsah, doch sie wusste nicht, dass es Lieder der Liebe waren. Auch störte sie nicht, dass sie weder Kenntnis noch irgendeine Ahnung hatte davon, wer ihr Gast gewesen war, der die Stube besucht und die Blumen gebracht hatte.

Das Wunder wiederholte sich. Eine zweite, eine dritte Vase wurde zum Kätterle auf den Stubentisch geschmuggelt, als sie in Klosterräumen, auf dem Hof oder hinter dem See unterwegs war. Und immer quollen die Gefäße über von gelbem Hahnenfuß und blauem Salbei, von Sauerampfer und Bachnelkenwurz und dem goldleuchtenden Klappertopf. Hatte sie zaghaft gelächelt beim ersten Mal, so lachte sie jetzt und schlug ihre Hände zusammen in überschießendem Glück, wenn sie ins Zimmer trat und die Wundergabe antraf, ungeschlacht zusammengewunden und liebevoll dargereicht. Sie tauchte ihr Gesicht in die Blütenpracht und genoss die Zärtlichkeit, mit der ihre Haut gestreichelt wurde. Und fühlte, dass sie am Leben war.

Am Gesindetisch, den sie nicht mehr zu meiden brauchte, saß sie mit Abstand zu den andern, jedoch mit hellwachen Sinnen. Sie horchte und spähte verstohlen aus den Augenwinkeln, ob sich einer verriet durch Wort oder Gebaren. Oder ob einer beharrlich schwieg und ihrem Blick auswich, auf verdächtige Weise. Es war eine harmlose Spionage und lustig dazu. Die Knechte und Mägde schmatzten und schwatzten und neckten einander mit groben Sprüchen und anzüglichen Späßen. Das Kätterle ließen sie aus. Spielten auch nicht auf Hexerei und Zauberkünste an, sondern rissen Witze und prahlten, wie sie die Päpstlichen überm Berg in Neuhausen um eine Wagenladung Holz erleichtert hatten. Der Herzog sei viel zu duldsam gegen sie, vielleicht auch zu bang, weil er's nicht verderben wolle mit den Österreichern. Doch die ruhten nicht und müpften auf, Arm in Arm mit den Bayern, die erst ihre Jungfrau Maria mit Gebet und Posaunen durch Wiesen und Felder schleppten und dann ihre Musketen aus dem Schrank zögen, um ketzerische Protestanten zu meucheln.

Dies klang alles bizarr und fremd in Kätterles Ohren, und sie begriff nicht, was da die Knechte erregt und die Mägde zapplig machen konnte. Sie zog sich zurück, ohne entdeckt zu haben, aus welcher Quelle die Sträuße auf ihrer Stube stammen mochten. Und die heimlichen Gaben fanden kein Ende.

Sonntags nach dem Gottesdienst in der Klosterkirche traf eines Tages Besuch ein aus Stuttgart. Der Kutsche entstieg eine schlanke, in Amtskleidern würdevoll straffe Gestalt mit gestutztem Bart, edel geschnittenem Antlitz und forschend um sich blickenden Augen: Georg Rudolf Weckherlin, herzoglicher Sekretär, Reisender durch halb Europa und geschätzter Sänger und Hofpoet. Man war stolz in Stuttgart, einen Sprachkünstler und Odensänger seines Formats in herzoglichen Diensten zu wissen, auch wenn er Jahre in England verbracht hatte und nicht ausschloss, dorthin in Bälde zurückzukehren.

Propst Magirus empfing den Gast, hakte ihn freundschaftlich unter und geleitete ihn zu einem Schattenplatz des Kreuzgartens. Im östlichen Eck des Gevierts plätscherte ein Brunnen, und die Störche segelten über den Dächern.

Wie die Dinge stünden in Stuttgart und bei Hofe, wollte der Propst wissen, der einen Krug aufgetischt hatte mit säuerlichem Wein aus eigener Kelter, von dem der Gast nur vorsichtig nippte. Mit Verlaub, brummte der, auch der Stuttgarter Wein sei kein Gaumenschmaus, dem Denkendorfer jedoch vorzuziehen um Längen. Man werde halt naschhaft als Weitgereister. Französische Tropfen prickelten auf der Zunge und liefen wie Öl sanft und süß die Kehle hinunter. Und die Champagne sei nicht weniger als ein Paradies der Genüsse.

Da habe er aber in England recht ausruhen dürfen von solchem Geschleck, meinte der Propst.

Allerdings, lachte Weckherlin, kein Mensch betrete die Insel um ihrer Köstlichkeiten in Küche und Keller willen. Gourmet sei ein französisches Wort. In England habe man keinen Begriff dafür. – Doch was die Frage des Propstes angehe: Bei Hof sei's im Grunde wie immer. Die Damen pflegten ihre Garderobe, die übrigens meist, trotz aller Mühen, bieder bleibe und provinziell. Die Herren zankten über Politik, von der sie nichts verstünden in der Regel. Und Damen und Herren intrigierten hinter den Kulissen und zuweilen auch davor, schmeichelten dem Herzog und prassten auf des Volkes Kosten.

Ein trübes Spektakel, fand Magirus.

Trüber als ein Kerzenlicht unter rußgeschwärztem Zylinder, erklärte Weckherlin:

under seiden, silber, gold,
damit sich der hof bedecket,
als in seiner lastern sold

nichts dan übels sich verstecket!

„Der Dichter schwingt auch die Peitsche?", staunte der Propst.

„Wenn's zu arg wird", sagte Weckherlin. „Der Herzog, versteht sich, ist ausgenommen. Ihn gilt's zu preisen, sofern man als Hofpoet überdauern will. Ihn und andere Fürsten. Doch das Preisen macht dumm. Blind und taub ohnehin, und sei es bloß selektiv. Da erquickt es viel mehr, von der Liebe zu singen, von süßen Lippen und Frauengunst."

„Das sagt Ihr im Kloster", schmunzelte der Propst.

„Ei, warum nicht?", rief der Dichter. „Die schönsten Minneverse verdanken sich den Kräften der Enthaltsamkeit."

Magirus war sich nicht schlüssig, ob diese Weisheit Weckherlins ernsthaft oder ironisch gemeint war, und entschied sich darum für ein mehrdeutiges „Soso" und für einen Themenwechsel.

„Es ist anregend, mit Euch zu plaudern", bemerkte er, „doch ich vermute, Ihr seid angereist in bestimmter Mission. Ist etwas mit Zinsen und Renten und Zehntabgaben?"

Weckherlin hob beide Hände wie schützend vor sein Gesicht: „Bin ich ein Kammerhengst, der über Zahlen reitet? Oder ein Lagermeister, der Zentnersäcke überwacht? Nein, nein! Kunst und Kommerz vertragen nicht dieselbe Pflege und darum nicht denselben Herrn. Viel Ärger und Verdruss hat unser Herzog mit den Krämern. Da ist es gut, wenn's Leute gibt, die ihm den Sinn erheitern. Und zwar mit Geist und Kunstverstand. Das ist mein Amt, und dafür steh ich grade."

„Und also?", bohrte der Propst.

„Ein großes Hoffest ist geplant für nächsten Monat", sagte Weckherlin. „Mit Spielen, mit Musik und mit Ballett. Die Mädchen üben längst an einem Stoff Ovids, des alten Heiden. Mit Nymphen und mit Satyrn und viel Liebelei. Die Damen wird's entzücken. Auch Verse werden deklamiert, da werde ich mich mühen und Hoffnung tragen, dass es Gäste gibt mit einem Ohr für Poesie. Und dabei setze ich auf Euch! Die meisten sind beim Fest doch nur gespannt auf Zirkusvolk und Clownerie. Das soll nicht fehlen, gut, doch soll's nicht alles sein. Für Leute von Geschmack wird Kunst geboten, auch nach herzoglichem Wunsch. Er bat mich, Euch zu laden."

Der Propst neigte ein wenig seinen Kopf und dankte gebührend. Da sei noch etwas, sagte er, das möchte er berühren bei jetziger Gelegenheit. Auch ein Fest, das in Kürze auszurichten sei nach herzoglichem Befehl. Aber eines von anderer Art. Die Säkularfeier zum Jubiläum der Reformation Martin Luthers.

Weckherlin reagierte säuerlich: „In der Tat, ich hörte davon."

„Eine Feier in allen Kirchen und Klöstern und auch in Tübingen, der Universität", betonte Magirus.

„Ich weiß, ich weiß", winkte der Dichter mit müder Gebärde ab. „Die Idee ist nicht mal vom Herzog selber. Sie wurde ihm eingeblasen vom Pfälzer Kurfürsten, der nicht ein verkappter Calvinist ist, sondern ein offen bekennender. Aus Staatsraison, wenn Ihr mich fragt. Wie das ganze Theater um eine bombastische Feier zu Ehren Luthers nichts weiter sein dürfte als eine recht fade Ausdünstung von Staatsräson."

„Ach ja?", machte der Propst überrascht.

„Ja, wie denn sonst?", ereiferte sich Weckherlin. „Da hat der lahme Gaul, der sich großartig protestantische ‚Union' heißt und der nicht recht auf alle Viere und schon gar nicht zum flotten Traben kommt, einen allerhöchsten Furz gelassen, und der soll nun allen wie Schalmei und Engelchor in den Ohren klingen? Ich bitte Euch! Die ‚Union' ist ein Zweckbündnis protestantischer Fürsten, bei dem auch noch die Calvinisten den Ton angeben. Ein Häuflein Strategen, die auf Krücken gehn. Württemberg hat sich dazu gesellt und sollte es bedauern. Starke lutherische Herren halten sich bedeckt. Und die Katholischen haben auf den morschen Klotz der ‚Union' ein blitzscharfes Beil gesetzt, genannt die ‚Liga'. Mit dem Bayern Maximilian an der Spitze und den Habsburgern in der Hinterhand. Wer mit denen zu spaßen wünscht, wird sein Tänzchen bekommen, verlasst Euch drauf. Und hast du nicht gesehen, bricht schon ein Buschbrand los in deutschen Landen, weil sich zusammenrottet, was angeblich zusammengehört, nämlich die herrschaftlichen Konfessionsstände. Wenn die erst richtig rüsten und aufmarschieren widereinander, dann wird's ein Jubelfest der Reformation, bei dem die Geister der Hölle blutrünstige Regie führen. Und man wird bald erkennen, worum es in Wirklichkeit geht bei diesem scheinbaren Gerangel um Glauben und Irrglauben. Um fette Beute nämlich, nichts außerdem, bei den Landsknechten so gut wie bei den gekrönten Häuptern. Um Geraubtes aus Ställen und Schatullen oder um geraubtes Land. Und das Volk wird bluten aus allen Poren seines geschundenen Leibes. So viel zur Absicht der Fürsten, den Luther zu ehren oder den Papst oder den Ignatius der Jesuiten."

Der Propst war erblasst, und Weckherlin verstummte. Man saß voreinander und wusste nicht weiter. Magirus schaute betreten auf seine Füße, Weckherlin verfolgte den Flug der Störche.

Endlich nahm sich der Propst ein Herz und suchte den gerissenen Faden ihres Gesprächs neu zu knüpfen: „Es muss nicht geschehen, wie Ihr sagt. Da sei der Himmel vor mit allen seinen Engeln und der Verstand der Fürsten nicht minder! Und vielleicht ist eine Gott wohlgefällige Säkularfeier zum Gedenken an Luthers Lebenswerk sogar geeignet, Spannungen zu lösen und Eintracht zu fördern."

„Ein frommer Wunsch", seufzte der Dichter, „und es ehrt Euch, dass Ihr ihn hegt. Doch bedarf er auch tüchtiger Hege, sonst ist's eine Feder, die hintreibt und rasch sich verliert in den Winden. Eintracht, sehr schön, aber wie? Die Evangelischen schon sind nie in die Schule gegangen dazu. Und hätten sie's jemals gelernt, so haben sie's lange vergessen. Wisst Ihr, was ich vermute? Die Pfälzer Calvinisten wollen *ihr* Fest zur Reformation und die sächsischen Lutheraner das *ihre*. Und hüben und drüben wird man mit Steinen schmeißen, dass es eine Art hat. Steine liegen ja reichlich im Wege. Wie das nun anzusehen ist mit der Präsenz des Herrn im Abendmahl und mit den Zwei Reichen und der Prädestination zum ewigen Heil und zur ewigen Verdammnis und was alles sonst. Die Theologen sind findig, wenn es zu streiten und zu keifen gilt. Und sie werden das Fest dazu nutzen, ihren Scharfsinn zu beweisen und ihre Messer zu wetzen.

Eintracht? Dass ich nicht lache, pardon! Von den Katholischen in dieser Giftküche ist noch gar nicht die Rede gewesen. Die kennen bloß *ihre* Eintracht und Einheit, und die sitzt in Rom. Und die, wisst Ihr's nicht, hat sich auch bereits eingemischt ins Gemenge und lässt die Fanfaren blasen. Kaum war heraus, dass die Evangelischen sich aufs Lutherjahr besinnen, posaunte der Papst am 12. Juni ein Heiliges Jahr in die verblüffte Christenheit hinaus. Als ob 1617 irgendeinen Anlass böte, ein Heiliges Jahr auszurufen, das nur zum vollen oder auch halben Jahrhundert fällig war bislang. Ein Schalk, der Übles dabei denkt! Und womit soll das katholische Jubeljahr 1617, dessen Haupttag von einigen deutschen Fürsten just auf den 31. Oktober gelegt wird, nun seinerseits geschmückt sein? Wahrhaftig mit Präsentationen und Prozessionen, bei denen wunderkräftige Reliquien im Mittelpunkt stehen und wo ein Plenarablass zu gewinnen ist. Ei ei! So viel Raffinesse und so viel Simplizität passen selten auf einen Haufen, und man kann's schon ein Glanzstück gegenreformatorischer Strategien nennen, die seit langem im Gange sind. Eintracht, mein Lieber, – ein schönes Wort, eine achtbare Idee. Allein, mir fehlt die Zuversicht. Man wird händeln und sich bespeien über die Zäune hinweg und – *felix patria!* wenn es dabei bleibt!"

Bei den letzten Worten des Dichters hatte das Kätterle den Garten zögernd betreten und fragte nun nach, ob ein weiterer Krug gewünscht sei. Weckherlin rief, sie brauche sich nicht zu bemühen, vom Wein sei noch reichlich vorhanden. Und das werde sich auch nicht ändern, seiner Einschätzung nach.

Das Kätterle knickste und verschwand im Kreuzgang.

„Ein adrettes Kind!", lobte Weckherlin.

„Man sagt: eine Hexe", brummte der Propst.

Der Dichter hob die Brauen: „im Ernst?"

„Leider Gottes im Ernst", bestätigte Magirus. „Im Dorf hat man ihr nachgestellt und argwöhnt bis heute, sie stünde mit finsteren Mächten im Bunde. Dies und das wird ihr vorgeworfen, am Ende habe sie einen Hausierer verhext, der ist wie ein Fisch in die Körsch gesprungen und elend ertrunken. Drauf wollte man Recht und Gerechtigkeit, grad so, wie Bierlaune und abergläubischer Sinn es verstehen. Es fehlte nicht viel, und man hätte dem armen Kätterle mit bestem Gewissen Gewalt angetan und Klage erhoben und nach Gerichten und Strang und Feuer geschrien."

„In Leonberg zieht sich der Strafprozess gegen die Mutter des grandiosen Kepler hin", sagte Weckherlin. „Ihr sollen Hexenkünste und Schadenzauber nachzuweisen sein. Gütiger Himmel über Württemberg! Kein Gerücht ist zu dämlich, um nicht Fürsprecher zu finden.

Und je abstruser ein Verdacht, desto heftiger die Wirkung. Wie wolltet Ihr gern dieses Säkularfest der Reformation? Hundert Jahre Freiheit des Geistes, Freiheit des Gewissens, so ungefähr? Alleinige Geltung des klaren göttlichen Worts gegen alles Trübe und gegen Verdunkelungstriebe und Vergiftung der Herzen? Ich sag Euch: Aller Menschenwitz ist machtlos gegen Menschendummheit, und wer am geschicktesten ist, die Hirne zu vernebeln und die Leiber zu verführen, dem setzt man grölend die Krone auf.

Großes Tamtam zur Reformation, – pah! Wo immer sollte man denn den Eindruck hernehmen, sie sei überhaupt schon angekommen bei uns? Bei Hof herrscht die Lustbarkeit, dazu Lüge und Intrige, doch evangelisch ist man, wenn einer fragt. Im Volk herrschen Hexenwahn und Afterglauben, aber man nennt sich evangelisch und plärrt am Sonntag Luthers Lieder. So wäre sie bereits angekommen bei uns, diese gute Reformation, die die Verhältnisse umdreht und die Menschen erleuchtet? Ich seh das anders: Ein armes Luder ist sie, zu Anfang aufgeschmückt wie eine Braut, köstlich und kühn. Aber dann wurde ihr mitgespielt, übel mitgespielt von allen Seiten, und die einen benutzten und beschmutzten sie für ihre Zwecke, und die andern verfolgten und nötigten sie für ihre Zwecke, und das hat sie krank gemacht und unansehnlich, und sie schämt sich ihrer vorgeblichen Freunde und duckt sich vor den Feinden. Ja, missbraucht und gepeinigt ist sie, und das, mein Lieber, genau das macht sie nun auch schon wieder sympathisch. Und wenn eine Feier angezeigt ist zur Reformation, dann muss es keine Jubel-, sondern eine Bußfeier werden, wo man nicht die glänzenden Kostüme spazieren führt, sondern in Sack und Asche geht. Die Festgäste zur Reformationsfeier müssen zu erkennen geben, dass sie samt und sonders als Verräter zu gelten haben. Dann widerführe der Sache ein passabler Sinn, und man könnte sagen, dass die geschundene Schöne von damals ganz zaghaft anzukommen beginne in unserer Zeit."

Nachdenklich fuhr der Propst seinen Weinkelch über die Tischplatte und nickte vor sich hin: „Eure Worte würde ich nicht wählen", sagte er, „doch selbst wenn sie nicht ins Schwarze treffen, so treffen sie auch nicht voll daneben. Wisst Ihr was? Ihr ladet mich zu eurem Hoffest nach Stuttgart, und ich werde kommen. Ich lade Euch zu unserem Fest der Reformation ins Kloster, – und Ihr werdet kommen?"

Weckherlin schaute dem Propst prüfend in die Augen und erklärte: „Ich werde kommen."

Beim Eintritt in ihre Schlafkammer erlebte das Kätterle eine Überraschung. Als sie die Tür auftat, schreckte eine Gestalt unter dem Fenster zusammen. Auch Kätterle selber erschrak. Doch löste sich das, als sie sah, wie der Mann sich verlegen zur Fensternische drehte und Blumen aus seinen Händen zu Boden glitten. Er wusste, dass er ertappt war, und schämte sich deswegen. Schämte und freute sich zugleich ein wenig, denn nun war es heraus, wer der verborgene Wohltäter war, der die Magd mit Düften und Farben überschüttete. Nun standen sie da und schauten gespannt und schwiegen. Die eine, den Türgriff in der Hand, an dem sie tapfer festhielt. Der andere, seinen Leib in den Winkel beim Fenster gedrängt.

Weil keiner einen Schritt unternahm oder ein Wort redete, hatte das Kätterle Muße, den Besucher eingehend zu betrachten. Er war klein und dünnleibig und ein Muster an Hässlichkeit. Sein Buckel war krumm, der Kopf saß halslos auf den Schultern und die Arme baumelten lang am Körper herab. Pechschwarze Haare trug er kurz geschnitten, und die Ohren, die Muschelhälften ähnlich vom Kopf abstanden, schimmerten rot wie von innen befeuert. Den Mund hielt er ein wenig geöffnet, und eine vorwitzige Zunge stieß zwischen Zahnlücken hervor. Nur die Augen waren schön, schwarz und unergründlich wie geheimnisdunkle Edelsteine.

„Du magst Blumen", sagte sie endlich, „und ich mag sie auch. Sie duften und singen."

Der Kopf des Besuchers hob sich, und über sein Gesicht huschte ein Lächeln: „Du hörst sie auch singen, die Blumen?", flüsterte er. „Die Menschen haben kein Ohr dafür in der Regel, weil sie taub sind von allem Lärm und Geschrei. Nur Sternenkinder vernehmen die Lieder der Blumen."

„Was singen sie?", fragte das Kätterle.

Der Bucklige überlegte einen Augenblick. „Sie singen ihre Träume", sagte er dann, „und die Träume erzählen von einem Land jenseits der Berge und Meere, wo immer die Sonne scheint und die Kirschen blühen und kein Schnitter mit Sichel und Sense die Blumen köpft auf der Wiese. Und alle Vögel in den Bäumen jubeln ohne Unterlass, und es gibt keinen Fallensteller, der sie jagt, und kein Raubtier, das sie verschlingt. Und Menschen, die in diesem Lande leben, sind wohl gestaltet und schön und von zartem Gemüt. Sie verstehen es nicht, zu spotten und zu streiten und von Krieg haben sie keinen Begriff."

„Also singen und träumen die Blumen vom Paradies, das verloren ist", sagte das Kätterle.

„Nicht verloren, bloß verborgen", erklärte der Blumenfreund, „und Sternenkinder finden, wenn sie acht haben, die Pfade dorthin."

„Was sind Sternenkinder?", fragte das Kätterle.

Langsam, aber ohne Zögern war sie in den Raum getreten, hatte sich zu dem Mann in der Fensternische gesellt, eine Aster aus der Vase gezupft und lächelnd unter ihre Nase gehalten.

„Sternenkinder sind Auserwählte des Himmels", sagte der Mann. „Und als Auserwählte vom Himmel sind sie häufig verachtet auf Erden. Sie glänzen ja auch innen, nicht außen, verstehst du? Fremd erscheinen sie deshalb und nicht selten verdächtig. Manchmal, weil sie hässlich sind von Gestalt, weil ihr Rücken verkrümmt und ihre Nase verbogen ist. Manchmal auch, weil sie vom Unglück verfolgt sind und weil Menschen ihnen Unglück bringen ohne Not. Sternenkinder sind schön, auch wenn sie hässlich erscheinen, und weise, auch wenn man sie töricht nennt. Und was besonders wichtig ist: Sie erkennen einander. Sie können selten sein wie Vogelsang im Schneegebirge, und doch finden sie sich, weil sie von ewig bestimmt sind dazu."

Dem Kätterle waren die Wangen ganz warm geworden, sie hatte sich vorsichtig niedergelassen auf der Bettkante und dem Gast neben sich Platz eingeräumt. Der redete weiter vom Land hinter den Bergen und vom Glück der Sternenkinder, die viel aushalten und leiden müssen in der Welt, aber ins Paradies eintreten, wenn sie einander entdecken.

Als das Kätterle um Auskunft bat, woher er denn stamme und wie ihn der Weg ins Kloster nach Denkendorf geführt habe – sie sei ihm nirgends begegnet bislang – erzählte der Besucher seine Geschichte:

Die führte weit hinaus übers Dorf und über die Grenzen des Landes in die ferne Stadt Salzburg. Dort sei er gefunden worden am Morgen nach einer strengen Winternacht, in Windeln gewickelt und in einer Holzkiste liegend vor dem Klostertor der Barmherzigen Schwestern. Barmherzig gewesen seien sie wirklich mit ihm und hätten ihn gepflegt und groß gezogen, und wenn jemand von außen neugierig gefragt habe, woher denn der kleine hässliche Krüppel sei, dann hätten sie bloß erwidert: Er kam von den Sternen zu uns. So habe er gelernt, dass die einen ihn abstoßend fanden wie einen Unhold, und die andern ihn liebten, weil er ein Himmelsgeschenk und ein Sternenkind war.

„Ich fühle, dass du wirklich ein Sternenkind bist", flüsterte das Kätterle.

„Gerade so, wie du eines bist", fügte der Mann eifrig hinzu.

„Und weiter? Wie ging's weiter mit dir?", drängte das Kätterle.

Er sei gern im Kloster der Barmherzigen Schwestern gewesen, erzählte er, doch als seine Kindheit zu Ende ging, da endete auch seine Zeit bei ihnen. Er wollte nicht, aber er musste gehen, und die Schwestern mussten ihn ziehen lassen und taten's in großer Traurigkeit. Dann war er der Welt ausgeliefert, wurde herumgestoßen und getreten wie ein Spielball mit den Füßen und schlimmer noch: wurde beschuldigt und gehetzt. Von solchen, die behaupteten, er sei ein Bekenner der verfluchten Lehre aus Wittenberg. Und von solchen, die meinten, man sehe ihm an, dass er eine missratene Frucht aus dem Bauch eines Klosters sei.

„Und dann bist du aufgebrochen und fortgezogen aus dem Salzburger Land?", fragte das Kätterle.

„Es war der Wink eines guten Engels im Traum", sagte er. „Ein Wink, die Blume zu suchen, die wachse und blühe für mich, weit in der Ferne." Da habe es ihn nicht länger gehalten. Mit Kaufleuten sei er gegangen und auch mit Soldaten, bis sie ihm drohten und ihn verjagten mit seinem Buckel und seiner teuflischen Fratze, wie sie sagten. Da müssten sie acht geben, dass er nicht ihre Waren oder Waffen verhexe und ihre Gäule zum Veitstanz reize. „Ja, Hexe und Teufel, so schimpfen die Leute gleich, wenn sie sich gruseln vor dir und deinem Gesicht. Und wenn du Pech hast, dann fangen sie dich wie einen räudigen Fuchs und quälen dich mit Zangen, damit du bekennst, ein Höllenkind und vom Teufel besessen zu sein."

„Hör auf!", flehte das Kätterle, „ich weiß ja schon."

„Wir wissen's beide", sagte der Mann, der schon ihr Freund geworden war. Seine Hand lag sacht auf ihrem Knie.

„Und wirst du bleiben im Kloster, wo man lutherisch ist?", fragte sie ängstlich. „Warst doch katholisch im Salzburger Land?"

„Und bin es noch", sagte der Freund. „Die Schwestern im Kloster tauften mich und gaben mir den Namen Christopher. Das bedeutet: jemand, der den Christus trägt. Mir gefällt das. Und hier unter der Kirche, in der Krypta, hab ich sein Bild gesehn im Fensterbogen. Das Bild vom Christophorus. Und ich denke: Ist der hier daheim, dann darf ich's auch sein. Darf der leben, der nun wirklich nicht den Papst trägt und nicht den Luther, sondern den geschundenen Christus, dann darf ich's nicht minder."

Das Kätterle nickte und sagte nichts mehr. Sie hatte die Augen voll Tränen und fand es süß, sie übers Gesicht rinnen und herabtropfen zu lassen in ihren Schoß, so viel sie wollten.

1717 : RIESEN UND ZWERGE

Rotz und Wasser heulten die zwei, die elend zugerichtet vor mir auf der Holzbank hockten. Ihre Gesichter waren aufgequollen wie von der Beulenpest, die Augen in tiefen Hautfalten versunken. Beide wimmerten und brachten kein Wort heraus.

Schwer zu ergründen war's nicht, was ihnen zugestoßen sein musste. Nämlich ein Schwarm wütender Wespen, die sich nach Kräften wehrten, nachdem man unanständig in ihre Domäne eingedrungen war. Die genaueren Umstände erfuhr ich nachher. Zwei Alumnen, junge Herren in der evangelischen Klosterschule, hatten ihre Mittagspause zu biologischen Forschungen genutzt. Es war jedoch ein Abenteuer draus geworden, genauer: ein Fiasko. Sie hatten sich verabredet, ein Wespennest auszuräuchern, das ihnen im Astloch der alten Eiche nahe beim Friedhof aufgefallen war. Dass Wespen stechen, wenn sie sich bedroht fühlen, konnte ihnen kaum verborgen geblieben sein, aber vielleicht rechneten sie mit respektvoller Zurückhaltung bei der niederen Kreatur. Die Stachelträger mochten Bauernbuben plagen und Stallmägde, doch Klosterschüler eher nicht, die zu Höherem berufen schienen.

Jedenfalls beschafften die Zwei sich Zündholz und Stroh, das sie zur Fackel drehten, und spazierten an den Ort ihrer Prüfung. Die Wespen schwärmten um den Eichenstamm und waren guter Dinge und ahnungslos. Sie genossen die wärmende Sonne und hatten nicht von Ferne Übles im Sinn. Vollkommen anders als die Lausejungen. Die machten sich spitzbübisch ans Werk, entzündeten ihre Strohfackel, bis sie hinreichend qualmte, und stießen ihre mörderische Waffe mitten in die belebte Baumhöhle hinein.

Ein Augenblick des Zögerns, weil die Zwei den Erfolg ihres Angriffs zu gern beobachtet hätten, reichte dem aufgestörten Schwarm zur dramatischen Kriegseröffnung. In mehreren Wellen rollten sie über die Bösewichter her, denen die Flucht trotz flinker Beine nicht gelingen wollte. Sie wurden eingeholt und gespickt mit Stacheln, und alles Arm-wedeln und Herumspringen war umsonst. Ob sie sich wehrten oder sich ergaben, die Insekten machten keinen Unterschied und verfolgten sie hartnäckig bis zum Klosterhof hinauf. Dort stürmten die Flücht-linge in den Keller und warfen die Tür hinter sich ins Schloss.

Doch gerettet waren sie deswegen nicht. Vielmehr bemerkte, als sie voreinander standen und verschnauften und sich gegenseitig bei den Schultern hielten, der eine beim andern rasch sich vollziehende Ge-sichtsveränderungen. Das schwoll auf wie klumpiger Hefeteig. Rötun-gen samt bläulichgrüner Flecken kamen hinzu, und die Haut brannte, als sei einer mit erhitztem Bügeleisen drüber gefahren.

Und dann: Wie sollte man sich in derartiger Verfassung einfinden bei der Nachmittagslektion des Praezeptors? Den griechischen Text hätte man gar nicht zu entziffern vermocht, selbst wenn man ihn gleich unter die Nase hielt. Und die Reaktion des Praezeptors war unschwer vorauszusehen. Er würde nicht Mitleid bekunden, sondern Strafen ver-hängen. Mindestens tagelangen Entzug des Klosterweins bei den Mahlzeiten. Oder gar Karzer. Auf jeden Fall Eintrag ins Carentenbuch, was immer den ersten Schritt zu einer unrühmlichen Entlassung aus der Bildungsanstalt bedeutete. Und was hatte man sich geschunden, überhaupt hineinzukommen! Hatte Latein gepaukt und Religion so-wieso und dann das Landexamen, diese gefürchtete Aufnahmeprüfung fürs Seminar, alles in allem erfolgreich abgelegt, und nicht zuletzt hat-ten die schwach begüterten Eltern in die Tasche gegriffen, damit ihre Sprösslinge den Klosterberg besteigen durften. Um mal was Besseres zu werden als Eltern und Großeltern, die sich auf dem Acker oder in ei-ner kleinen Werkstatt den Lebensunterhalt erschufteten. Nicht auszu-denken, dass dies alles für die Katz' gewesen sein sollte.

Weil sie also in großer Not waren, besannen sie sich auf den nächs-ten Helfer in der Not. Das war ich, der Klosterbarbier Johann Jakob Fröschlen, der ein Herz für die Jugend und Hände zum Heilen besitzt. Allerdings, mit dem Herzen – das geht schnell; mit dem Heilen – das braucht Weile! Ich bin kein Wundermann und Zauberer, nicht mal ein studierter Medicus (der trotzdem nicht über praktisches Talent verfügen muss), sondern ein Wundarzt nebenbei, ein Quacksalber, wie es despektierlich heißt bei denselben Leuten, die auf den Knien rutschen vor mir im Fall ihrer Hilfsbedürftigkeit. Aber die Quacksalber sind vor wenig Jahren sozusagen aus dem Staub zu gewissen Ehren erhoben worden, was bloß nicht jeder Klugschwätzer mitbekommen hat. Zu Ehren gebracht nämlich durch keinen geringeren als den Kaiser Leopold persönlich, der ein *Privilegium chirurgicum* erlassen und den Badern und Barbieren zum lange verweigerten Recht verholfen hat. Darnach seien die Tätigkeiten unseres Standes zu den *artes* zu rechnen, sprich: als Kunst wertzuschätzen und nicht als dumme Scharlatanerie zu verachten. Wir verstehen also unser Geschäft, und die Menschheit, sag ich, sollte dankbar sein dafür.

Ich besah mir die verquollenen Knaben auf dem Bänkle und fand es erstaunlich, dass daraus einmal wackere Pfarrherren oder sogar würdige Prälaten und Hofprediger werden sollten. Aber die Zeit wirkt Wunder und der liebe Gott im Himmel erst recht. Einer von ihnen war der junge Hiller, Philipp Friedrich Hiller, der sich später zum andächtigsten Liederdichter in der pietistischen Welt mausern sollte. Haufenweise hat er fromme Strophen aus sich herausgedichtet, die man fleißig sang in den Häusern zwischen Rems und Nagold. Nur im Augenblick war er kleinlaut und schniefte in sein Sacktuch, der Hiller. Vielleicht hat ja die herbe Erfahrung mit dem Wespennest und die Reue über seine Jugendbosheit bei ihm eine innere Konversion in Gang gesetzt.

Mir stand die Aufgabe zu, den Schmerz der Lümmel zu lindern. So geht's halt einem Barbier in der Klosterschul. Wär ich am Hof in Stuttgart, dürfte ich den edlen Herrschaften die Bärte stutzen und mit etwas Glück und Gunst möchte ich gar beim Kräuseln und Eindrehen der Allongeperücke behilflich sein, die dem Herzog Eberhard Ludwig nicht wallend genug über den Rücken herabhängen konnte. Der eitle Fatz ließ sich bevorzugt auch porträtieren mit seinen üppigen Haarkaskaden und hoffte wohl, Weibsbildern wie der Graevenitz Eindruck zu machen damit. Doch davon später. –

Hier jedenfalls, in Denkendorf, gab's wenig zu besorgen für die speziellen Künste des Barbiers. Der erste Flaum um die Mundwinkel und am Kinn war doch wie's sprießende Evangelium für die jungen

Herren, und sie hüteten sich peinlich vor Seifenschaum und Messer. Und die Perückchen, die sie aufzusetzen hatten, wenn's offiziell zuging, zählten zum Klosterinventar und durften keine Kosten machen. So brauchte sich meine Bartseife nicht auf über Jahre, und der Streichriemen an der Wand wurde nicht abgewetzt vom Schermesser. Dafür war meine zweite Profession umso heftiger gefragt. Der Wundarzt war eine oftmals aufgesuchte Adresse im Kloster, und manchmal gingen mir die Pflaster und die Salben und Tinkturen aus. Gelegentlich auch die Ideen. Denn mit einem Verband auf der Haut oder mit Schröpfen ist es nicht in jedem Fall getan, und wenn einer mit Zahnweh daherkommt, sollst du auch nicht gleich zur Zange greifen.

Der Hiller und sein Freund allerdings hätten alles hingenommen, was ich an Heilkunst ausprobieren konnte bei ihnen. Sie saßen ergeben wie Lämmer auf der Schlachtbank. Ich betupfte ihre Geschwulste mit einer gekochten Kräutermixtur, die ich eigentlich zur Behandlung von Übelkeit und Darmbeschwerden vorgesehen hatte, und hoffte, sie würde eine gewisse Linderung von Schmerzen – wie innerlich, so ebenfalls äußerlich – herbeiführen. Dazu legte ich kalte Kompressen auf und wechselte sie mehrfach. Zwischendurch lief ich auf den Hof und erwischte einen Alumnen, der zur griechischen Lektion trabte. Dem erteilte ich den Auftrag, die beiden Mitschüler beim Praezeptor zu entschuldigen. Sie litten an Fieber und Ausschlag und befänden sich in meiner Hut. Kleine Schwindeleien aus Menschenfreundlichkeit werden im Himmel vergeben, denke ich. Belohnt werden will ich ja auch gar nicht wegen mitleidiger Taten. Aber bestraft werden auch nicht.

Zusammen mit dem Propst und den beiden Praezeptoren war ich anno 1713 ins Denkendorfer Kloster eingerückt. Genauer geredet: in die neu eröffnete evangelische Klosterschule dortselbst. Der Erlass dazu war vom Herzog ausgegangen, ein Jahr zuvor, und er bestimmte den Prälaten Johann Friedrich Hochstetter zum Propst und Leiter der Bildungsanstalt sowie die Herren Andreas Christoph Zeller und Johann Albrecht Bengel zu Lehrern. Und weil hier droben auf dem Klosterberg das Latein herrscht wie im alten Rom, heißt eben der Leiter Praepositus, also Propst, die Lehrer heißen Praezeptoren, der Schülerjahrgang Promotion und die Schüler selbst Alumnen. Die sollen sogar Lateinisch schwätzen, wenn sie miteinander raufen im stickigen Schlafsaal. Und ja, der Schlafsaal, das ist natürlich das Dormitorium. Wohnlicher wird die kalte, enge und feuchte Angelegenheit freilich auch auf Lateinisch nicht.

Daran, dass die alten Klostermauern wieder junges Leben in sich aufnehmen und beherbergen sollten, hatten, ohne es selber zu wissen und zu wollen, die Franzosen gedreht. Die waren nun wahrhaftig keine Wohltäter für Württembergs Städte und Gemeinden, im Gegenteil: Sie bewiesen seit einiger Zeit einen ausgesuchten Appetit auf linksrheinische Gebiete, eroberten und besetzten nach Lust und Laune, Straßburg und Trier und Länder bis hinab an den Niederrhein; überquerten auch den mittleren Rhein und am Ende sogar den Neckar und stießen mitten ins Herz des herzoglichen Württemberg vor. Hinter allem stand der mächtige Sonnenkönig Ludwig XIV – und in vorderster Front tummelte sich der gar nicht so edle General Mélac mit seinen Truppen, die brandschatzten und marodierten, wo sich Gelegenheiten boten. Die Württemberger, sowieso nicht besonders wehrhaft aufgestellt, verzettelten sich derweil beim fernen Wien in kaiserlichen Diensten und in allerlei Scharmützeln mit den Türken. Und ehe die herzoglichen Kriegskräfte zurück waren und daheim Schlimmes verhüten konnten, hatten die Franzosen Marbach eingenommen und Winnenden in Brand gesetzt. Das war 1693. Damals lebte der jetzige Praezeptor Bengel als Kind in Winnenden, seinem Geburtsort, sein Vater war gestorben, seine Mutter verlor bei der französischen Plünderung alle Habe. – Doch nicht genug damit. Mélacs Kriegsleute fanden auch den Weg nach Denkendorf, hausten im Kloster wie die Vandalen, zerschlugen, was nicht fortgeschleppt werden konnte, und packten ihre Säcke voll mit Raubgut. Und als im Herbst 1713 die Klosterschule neu eingerichtet werden sollte, nachdem sie seit über einem Jahrhundert geschlossen war, musste man erst mal die Schäden beheben, die die französischen Räuber hinterlassen hatten.

Und doch, wie erwähnt, war's genau diesen Mordbuben und Brandstiftern zu verdanken, dass sich das Denkendorfer Kloster neu belebte. Denn Mélacs Horden, auf deren Konto nicht zuletzt die Zerstörung des Schlosses in Heidelberg ging, hatten 1692 das berühmte Kloster Hirsau im Schwarzwälder Nagoldtal böse heimgesucht und bis auf die Grundmauern zerstört. Ein Kloster, das sich über die Maßen verdient gemacht hatte beim Reformprogramm, das von Cluny ausgegangen war. Ein religiöses Bildungszentrum mit mächtiger Ausstrahlung. Gewiss: Mit der Reformation war diese wunderbare Stätte evangelisch geworden und beherbergte nachher eine der herzoglichen Klosterschulen im Land. Damit war es jetzt aber vorbei. Wo bloß noch Mauerreste übrig sind, kann niemand eine Schule unterhalten. Ein neuer Standort musste gefunden werden. Und dazu bot sich Denkendorf an, das zwar beschädigt war, doch nicht niedergerissen wie das schöne Hirsau.

Meine tapferen Wespenjäger, die zu den fünfundzwanzig Schülern im Kloster zählten, gewannen allmählich die Normalform und gesunde Farbe ihrer Gesichter zurück. Der Hiller erschien sogar in meiner Barbierstube und überreichte mir feierlich ein Dankgedicht. Es hatte viele Strophen und reimte ‚Barbier‘ auf ‚Quartier‘ und ‚Wespenbrut‘ auf ‚Christenblut‘. Außerdem lasse es sich vorzüglich singen, versicherte er, am besten auf die Melodie ‚Ein feste Burg ist unser Gott‘.

Von dieser festen Burg wurde nun häufiger gesungen im Kloster, nachdem das Gedenkjahr der Reformation 1717 angebrochen war und man sich Gedanken machte, wie es denn anständig zu begehen sei. Mir war das ziemlich einerlei und dem Johann Albrecht Bengel, der zweite Praezeptor nach der Ordnung, jedoch nicht nach der Bedeutung war, ging es anscheinend ähnlich. Den Reformator Luther solle man achten, aber nicht verehren wie eine Heiligengestalt, ließ er das Klostervolk wissen. Deshalb graue ihm schon vor übertriebenen Feiern im Land. Da purzele man rückwärts ins Katholische, ehe man sich's versehe. Und erhebe den guten Luther zur Ehre evangelischer Altäre, statt sich ernsthaft zu kümmern um das, was er der Christenheit gebracht und von ihr verlangt habe. Die Treue zum Wort der Heiligen Schrift und die Absage an Götzen aller Art zum Beispiel. Und Buße zu tun öffentlich, dazu sei heut so gut Anlass wie in Luthers Tagen, und der bekannte Prediger Spener in Frankfurt habe deutlich genug den Finger darauf gelegt. Kirchliche wie weltliche Zustände befänden sich im Argen, und Selbstgefälligkeit dringe der Geistlichkeit nicht weniger aus allen Poren als der feinen Hofgesellschaft in Stuttgart.

Ob's die Alumnen groß scherte, was der Praezeptor Bengel sich da von der Seele redete, weiß ich nicht. Mir immerhin hat's gefallen. Vielleicht denkt einer, der Barbier solle besser bei seinem Seifennapf bleiben und den Bartpinsel auswaschen, statt sich auf Höhenpfaden der Theologie zu versteigen. Bekömmlicher möchte es tatsächlich sein. Aber was machst du, wenn dir der Kopf einen Streich spielt und sich vorwitzig zu schaffen macht mit allerlei Sachen, die nicht mit Schaum und Rasierklinge zu erledigen sind? Und wäre ein Petrus etwa kein schäbiger Fischer gewesen, als er gewürdigt wurde, die ganze Weisheit Gottes aufzunehmen und in die Welt zu tragen? Und Jakob Böhme, den jeder im Munde führt, der ein bisschen mehr bedenken möchte als die Sonntagspredigt seines Dorfpfarrers; dieser Jakob Böhme war auch kein Gelehrter mit akademischen Würden, sondern ein Handwerksmann mit der Schürze vor dem Bauch und dem Hammer in der Hand. Denken ist kein Vorrecht der Dreimalgescheiten, sag ich, und sich einzumischen sollte keine Schande sein, wo die Erkenntnis vom allgemeinen Priestertum ein paar Spuren hinterlassen hat.

Ferner kann dir's zustoßen, dass du in eine Rolle hineingerätst, die du dir selber nicht ausgesucht hast. Nämlich: Du bist ein Klosterbarbier und wirst unter der Hand zum Beichtvater. Es klopft einer an bei dir, und du denkst, er will eine Salbe fürs Knie oder ein Pflaster, und plötzlich wird dir klar: Der will sein Herz ausschütten bei dir. So geschehen im Sommer des Jubiläumsjahres.

Der da angeklopft hatte und nun ein wenig verlegen eintrat in meine Stube, war der zweite Wespenjäger, nicht der Hiller, sondern der andre, der Bartel. Er kam gleich zur Sache und platzte heraus: „Fröschlen, der Zeller hat uns erwischt."

Zeller war der erste Praezeptor im Kloster.

„Uns erwischt", wiederholte ich und fügte an: „Also wen erwischt und wobei?"

Der Bartel rieb sich die Kinnbacken und überlegte angestrengt, wie er's dem Barbier verdeutlichen sollte.

„Die Marie halt und mich", brachte er endlich hervor. „Die junge Marie mit dem blonden Zopf, der ihr immer so lustig über die Schulter hängt und die in der Küche hilft seit kurzem."

Ich wartete, weil die Sache bis dahin noch nicht verdächtig war und die Aufsicht des Praezeptors in Schwung gebracht haben konnte. Doch der Bartel ließ erkennen, dass ihm das Beichten nicht leicht von der Zunge ging.

„Habt ihr geschmust miteinander, die Marie und du?", fragte ich deshalb, um dem Verstörten ein wenig auf die Sprünge zu helfen. Der nahm das Angebot dankbar auf: „Aber nur ganz wenig und beinahe überhaupt nicht", beteuerte er. „Doch der Zeller hat seine Augen aufgerissen und das Maul aufgeklappt, als sei ihm die prächtigste Unzucht untergekommen. Hätte ja auch nicht den Weg nehmen müssen hinter dem Maierhof her, wo wir die stille Ecke gefunden hatten für..."

Er stockte.

„Fürs Schmusen", ergänzte ich, um ihm die Ausfaltung gewisser Details zu ersparen. „Und was hat er von sich gegeben, der Zeller?"

„Eine Schande sei's", hat er gesagt, „so jung und schon verrückt nach Weiberröcken und das alles obendrein in der Kutte des Klosterschülers!"

Ich musste lachen, weil sich die Szene lebhaft aufbaute vor meinem inneren Auge und weil nicht entschieden war, wem die Entdeckung peinlicher wurde, dem Bartel oder dem Praezeptor. Übrigens musste die Marie am meisten befürchten, weil es ein Leichtes war, sie wegen moralischer Bedenken aus dem Klosterdienst zu entfernen. Wie einen kleinen Dorn vom Rosenstock, den man aus der Haut zieht und wegwirft.

„Magst sie arg, die Marie?", fragte ich den Bartel.

„Weil sie mir gefällt", erklärte er tiefgründig, „und ab und zu steckt sie mir ein Extrastück Wurst aus der Küche zu. Wir treffen uns heimlich, aber einfach ist das nicht, bei dem Tagesplan im Seminar, der kaum eine Lücke lässt zum Ausscheren."

Da hatte er recht. Ich bin wahrhaftig keiner, der Bildung für ein eitel und überflüssig Ding hielte, und manchmal beneide ich die Alumnen um ihr Jugendprivileg, lernen zu dürfen, was das Zeug hält. Doch der strenge Lehrplan ist auch wie eine Fessel für junge Vögel, die zu gern ihre Flügel nutzen würden, um befreit herumzufliegen. Schon der Glockenschlag zum Wecken um vier in der Frühe ist mehr ein Erbstück alter Möncherei als ein Erfordernis evangelischer Erziehung. Und nach der Morgenandacht und dem Frühstück geht's schon um sieben an mit dem Unterricht, und das zieht sich mit Griechisch und Hebräisch und Mathematik und Rhetorik und weiß der Himmel was für Wissenschaften bis kurz vor Mittag. Dann gibt's Chorgesang, Lesung und Gebet und übrigens beim gemeinsamen Mittagessen, wo das Jungvolk gern mal etwas schwatzen und ein bisschen herumalbern möchte, schon wieder Vorlesung aus der Lutherbibel (und das grundsätzlich und immer und keineswegs bloß im Jubiläumsjahr der Reformation). Und wenn das geschafft ist, wird eine Stunde Freizeit zugestanden. Eine Stunde! Das ist der beschränkte Zeitrahmen, die der Hiller und der Bartel nutzen mussten, ihr Räucherwerk beim Wespennest auszuführen, und wo der Bartel sich sputen muss, am verschwiegenen Ort seiner Marie etwas näher zu kommen. Ausgiebig war da nichts zu entwickeln (was auch dem Praezeptor Zeller einleuchten musste), denn kaum hatte man sich's ein wenig eingerichtet zu zweit, schlug die Glocke bereits zu den Nachmittagslektionen, die großzügig unterbrochen werden für sogenannte Privatstudien. Bloß, privat ist auch dabei nicht viel, weil die betreffenden Stunden in Einzelarbeit unter Aufsicht absolviert werden müssen. Und sogar der Abend wird beileibe kein Feierabend. Er verpflichtet noch einmal zum Studium und zur gemeinsamen Andacht.

Im Grunde also konnte ich die Findigkeit meines Beichtkindes nur bewundern, das es fertig brachte, in diesem beinah undurchlässigen Regelwerk der Tagesstudien noch einer frühen Liebe Raum zu geben.

„Die Marie", sagte er jetzt, „macht große Pläne, und weil sie mich gern hat, fordert sie mich auch."

„Ach ja?", fragte ich gespannt.

„Sie wollte herausfinden, ob wohl Verlass sei auf mich und ob ich stark genug sei. Und das könne ich beweisen, sagte sie, wenn ich das Wespennest in der Friedhofseiche ausnähme, an dem sie immer vorbeilaufe auf ihrem Weg zum Kloster."

„Und dann hast du dir den Hiller zur Verstärkung gesucht und bist zum Helden aufgestiegen in der Wespenschlacht", sagte ich. „Und die Marie konnte am Maß deiner Wundbeulen den Grad deiner Liebe erkennen."

Der Bartel fand das nicht lustig und knetete seine Finger im Schoß: „Wir müssen stark sein, die Marie und ich, wenn wir weg wollen."

Jetzt also schien die Beichte zu ihrem Kern vorzustoßen. Dass es immer ein paar Klosterschüler gab, die mit dem Gedanken spielten, auszurücken auf Nimmerwiedersehn, das war mir bewusst. Aber das blieben Spielereien, die sich aus Überdruss am ewig wiederkehrenden Gerstenbrei auf dem Tisch ergaben oder aus Ärger über eine Zurückstufung in der Location, dieser erbarmungslosen Leistungsrangordnung im Schülerjahrgang, die alle halbe Jahre neu aufgemacht wird, oder einfach aus momentaner Erschöpfung und kindlichem Heimweh. Beim Bartel jedoch witterte ich mehr. Er wollte ja nicht allein weg, sondern zusammen mit der Marie, die ein fesches Mädel zu sein schien und am Ende sogar ein wenig durchtrieben.

„Weg willst du also", sagte ich deshalb, „und du wirst mir gewiss gleich verraten, weshalb und wohin?"

„Nach Pennsylvanien", sagte der Bartel mit einer Unbekümmertheit, als handle es sich dabei um einen schwäbischen Flecken kurz hinter der nächsten Neckarbiegung. Meine Verblüffung konnte ihm kaum entgangen sein, denn er fuhr fort:

„Nach Pennsylvanien sind Leute ausgewandert aus meinem Dorf. Und die waren auch nicht viel reicher als ich. Die Schiffsreise muss man aufbringen, mehr nicht. Und dann wartet ein Land der Freiheit, vor allem der Freiheit im Glauben."

Noch einmal stutzte ich und fragte gedehnt: „ Freiheit im Glauben? Und die vermagst du nicht zu finden im Lande Martin Luthers, ausgerechnet mitten im Jubiläumsjahr seiner großen Reformation?"

Da hatte ich nun wie mit einem Zapfen das Spundloch eines großen Fasses getroffen, und schon sprudelte und schäumte es heraus:

Was denn die Lutheraner überhaupt zu feiern gedächten, empörte sich der Junge. Vielleicht die Schwarten, die sie sich angefressen hätten von ihren Pfarrerspfründen? Oder den Starrsinn, den sie verbreiteten in den steifen Reden über ihr verdorrtes Christentum? Entflammte Herzen suche man vergebens unter allen Kirchenlehrern, die ihre Nasen platt drückten zwischen schweren Buchdeckeln und meinten, dabei den Blütenduft des Lebens herauszusaugen. Was der Herr einst über den Tempel gesagt, dass der nämlich einer Räuberhöhle gleiche, das stimme für die Kirche nicht minder, und zwar für die evangelische geradeso wie für die römische. Das sei ein fromm aufgeschminktes Sündenbabel, wo der Mammon auf allen Altären sitze und Lug und Trug die Orgel spielten. Luther, nun ja. Aber der habe höchstens zur Hälfte geschafft, was eine Reformation zu heißen verdiene, und dies Halbe hätten seine Nachfolger überdies verraten und vergessen. Sie hätten Gesetz auf Gesetz und Ordnung auf Ordnung gehäuft, dass man schier ersticke, wenn man sich erst verfangen habe darin. Und das solle nun Freiheit heißen? Der Geist weht, wo er will, laute eine Grundwahrheit der Offenbarung, aber in der Kirche habe der Geist längst aufgehört zu wehen, wenn er denn früher einmal unterwegs gewesen sein sollte in ihr. Wie gewaltige Särge wirkten die ummauerten Kirchen, in denen die muffige Luft nach Tod und Verwesung schmecke. Die Kirche sei tot, nur der Geist mache lebendig und der verstecke sich nicht in Papieren und Büchern und auch nicht unter Kutten und Predigttalaren, nicht einmal in den Substanzen des Sakraments, dem Wasser der Taufe und dem Brot beim Mahl. –

Mir schwirrte der Kopf bei solchem Ausbruch von Leidenschaft, auf den ich überhaupt nicht gefasst war. Manches, was der Bartel ansprach und wie er's ansprach, als hätte er's Wort für Wort auswendig gelernt und deklamiere es jetzt wie im Volkstheater; manches freilich klang mir wie ein Widerhall von Melodien in den Ohren, die ich anderswo schon hatte singen hören. Ich fragte deshalb nach, ob ich jetzt lauter Einsichten eines vergrätzten Klosterschülers aufgetischt bekäme oder ob er von sich gebe, was ihm von andrer Seite eingetrichtert worden war.

Das tue nichts zur Sache, wehrte er bockig ab, denn es sei nicht wichtig, wer die Wahrheit sage, sondern was die Wahrheit sei. Und die Wahrheit sei, dass die Reformation Martin Luthers die Kirche nicht gerettet habe aus den Sümpfen ihrer Verkommenheit und dass die Kirchenlehrer, ob nun Professoren oder Prälaten oder Pfarrer, samt und sonders getünchte Gräber wären, von denen nichts als ein fauler und widerwärtiger Atem ausgehe. Seine eigene Mutter habe das so empfunden und drunter gelitten und sie habe sich nicht davon abbringen lassen, von ihrem Dorf im Gäu hinüber nach Herrenberg zu wallfahren und der Gemeinde der Erleuchteten beizuwohnen, wo die Obervögtin von Leiningen in der Kraft des Geistes tätig war.

Der Vater hätte sie immer gescholten und ihr die Neigung zum Separatismus ausreden wollen, aber gelungen sei's ihm nicht. Da hätte er sich sozusagen schadlos an ihm, dem Jungen, gehalten und durchgesetzt, dass er die Klosterschule in Denkendorf besuchte, um die rechte Lehre nach dem sächsischen Luther und dem schwäbischen Brenz zu studieren und später die Kinder mit dem Katechismus traktieren und die Erwachsenen mit der Predigt einschläfern zu können. Das Lerndiktat des Vaters sei ihm gewaltig gegen den Strich gegangen, aber er habe folgen müssen wie die meisten, die mit ihm in der Promotion zusammengetrieben wurden von allen Richtungen her. Von denen wisse er jetzt schon, wie sie ausschauten nach zehn und zwanzig Jahren. Denn die wollten keine Abenteuer, erst recht keine Abenteuer im Heiligen Geiste, sondern ihre Ruhe und Behaglichkeit, und wenn sie sich jetzt schinden müssten in den Lektionen, dann wünschten sie's nachher umso bequemer. Im Hiller, ja, da spüre er ein wenig von dem Feuer, das in ihm brenne wie das Feuer im Dornbusch, das dem Mose erschien in der Wüste. Aber dem Hiller dürfe er sich nicht offenbaren. Der würde bestimmt vor Schreck erbleichen und gleich die herzogliche Kommission von Stuttgart herantraben sehen zur Prüfung, ob sie denn überhaupt tragbar seien für den kirchlichen Dienst.

Nach und nach waren mir beim Zuhören die Fälle in Erinnerung gekommen, die einiges Aufsehen erregt hatten in vergangenen Jahren. Sie hatten sich in Stuttgart abgespielt, unmittelbar in Reichweite der herzoglichen Kirchenleitung. Dazu in Herrenberg. Auch, kaum eine

Tagereise weiter, in Calw. Die Frau von Leiningen in Herrenberg hatte kräftig von sich reden gemacht, weil sie eine geistererfüllte Prophetin zu sein beanspruchte, die sich berufen sah, der gottlosen Kirchenanstalt das himmlische Gericht anzukündigen. Sie und andere wie die Trabantin Schneider in Stuttgart sammelten Gleichgesinnte um sich, die ihnen fromm ergeben und den Kirchenoberen spinnefeind waren und die die Überzeugung pflegten, der Geist des wahren Christentums zirkuliere bloß in ihren Kreisen. Die Bibel, auf die sich alles berief, was von Luther und seiner Reformation herkam, wurde ebenfalls arg geschmälert in ihrer Würde. Man kam ohne sie aus, wo der Geist bereit schien, sich direkt und ohne schriftliche Umschweife einzustellen. Solche Geistverzückung waberte hier und dort durchs Land, doch wirklich große Kreise zog sie nicht. Die Zahl der Erleuchteten blieb ziemlich überschaubar und ihr Einfluss ebenso. Trotzdem war das geistliche Konsistorium alarmiert, ging hin und prüfte die Gruppen und ihre Wortführer auf Glaube und Häresieverdacht. Der Schneiderin in Stuttgart, die eine zeitnahe Zertrümmerung des Stiftskirchenaltars in Aussicht gestellt hatte, wurde eine vierwöchige Haft aufgebrummt. Andere Separatisten wurden vermahnt und eingeladen, in die bewährten Hürden der lutherischen Landeskirche zurückzukehren. Vor ein paar Jahren hatte sich die allgemeine Aufregung erst einmal gelegt, der Vulkan gab Ruhe, aber wirklich erloschen war er nicht. Die Glut setzte sich fort und konnte unverhofft hervorbrechen wie bei dem jungen Bartel, der mit flammenden Blicken vor mir saß.

„Gerade mal sechzehn bist du", sagte ich zu ihm. „Dein ganzes Leben liegt ausgebreitet vor dir wie ein schneeweißes Tuch. Versau es nicht! Wenn du türmst im Kloster und dich an die Marie hängst und mit ihr herumvagabundierst in der Welt und womöglich Kinder machst, dann wirst du in der Kloake enden irgendwo, verlass dich drauf!" Ich ging ihn mit Absicht hart an, um ihn innerlich aufzurütteln aus seinen Träumereien, und tatsächlich reagierte er ängstlich:

„Ihr werdet mich verpfeifen, stimmt's?"

„Vielleicht sollte ich's tun", gab ich zurück, „weil du im Begriff bist, einen groben Unfug anzustellen. Aber ich werde es trotzdem unterlassen. Unter einer kleinen Bedingung, mein Freund. Ich erwarte dich mindestens einmal in der Woche hier in meiner Stube, dass wir miteinander reden. Über Gott und die Welt und über alles, was dir auf dem Herzen liegt. Und wenn du dich rechtzeitig ankündigst, sorge ich für Süßes vom Bäcker und einen Krug Most dazu. Bis dahin – kein Wort von mir zum Praezeptor Zeller und den andern, den Lehrern und den Schülern."

Darauf konnte der Bartel sich einlassen. Sein Gesicht entspannte sich und zauberte ein Lächeln hervor.

Nicht unbedingt in der Rolle des Beichtvaters, aber gelegentlich in der Funktion des Gesprächspartners hatte ich auch mit dem Praezeptor Bengel zu tun. Der war gerade einmal dreißig Jahre alt und ein bescheidener, umgänglicher Mensch, eher milde als streng, den Porträtbildern zum Trotz, die später von ihm angefertigt wurden und auf denen er so grimmig dreinschaut. Ein liebender Vater war er seiner kleinen Sophie, die am Himmelfahrtstag dieses Jahres geboren wurde, das erste Kind, das nicht früh dahinscheiden sollte zum Entsetzen der Eltern. Die Mutter Johanna Regina war eine liebenswerte und kluge Frau, frei von allem Standesdünkel und besorgt um das Wohl ihres Mannes. Sie unternahm sogar Anläufe, die vertrackte Sprache der alten Griechen zu studieren, um das Neue Testament im Original lesen und den akribischen Textarbeiten ihres Mannes ein wenig folgen zu können. Zu Ende gebracht hat sie's freilich nicht, es wurde ihr mit der Haushaltsführung und den Zusatzgeschäften im Klosterbetrieb einfach zu viel.

Manchmal lud mich der Praezeptor zu einem Schwatz unter Männern. Dann ging's in den umzäunten, mit Obstbäumen und Gemüsebeeten belegten Garten hinter dem Fachwerkbau, der am Südrand des alten Klosters hinzugebaut worden war. Die Propstei lag dagegen im Zentrum der Anlage. Sie war merkwürdig gerade vor dem Kirchturm aufs Dach der mächtigen Vorhalle zur Basilika gesetzt worden und über einen eigenen Rundturm erreichbar. Dort thronte nun der Hochstetter auf seiner hohen Stätte, als könne es keinen geeigneteren Platz geben für den Praepositus, den Vorsteher der gesamten Anstalt. Ich, wenn ich denn gefragt würde, hätte das Haus des Praezeptors Bengel unbedingt vorgezogen, auch wegen des heimeligen Gärtchens hinter der alten Klostermauer, in das man sich zurück und aus allen Geschäften herausziehen konnte.

„Weißt, Fröschlen", sagte Bengel, als wir Tage nach dem Besuch des jungen Bartel in meiner Barbierstube zusammensaßen unter einem Apfelbaum im Garten, „des Menschen Herz ist ein unruhig Ding. Du meinst, es hat seinen Frieden und seine Behaglichkeit, und dann fliegt ein bunter Vogel vorbei und singt dir ein Lied, wie lustig es sei, das Nest zu verlassen und aufzusteigen ins Blaue und sich treiben zu lassen über die Wälder, hin zu neuen Plätzen und Wohnungen."

Mir erschloss sich nicht gleich, worauf er hinauswollte, und ich muss ihn recht dumm und fragend angeschaut haben. Er lachte und klopfte mir auf die Schulter:

„Nein, nein, Fröschlen, es ist nichts mit Abschied und Wegzug, ich bleibe im Kloster, auch wenn zuweilen die Stadt neckaraufwärts sirenenhaft lockt mit ihrer Fakultät für die Gottesgelehrtheit. Außerdem ist Tübingen angenehm und schön. Und bietet ganz andere Möglichkeiten mit dem Stift und mit den Bibliotheken am Ort, wo ein Textforscher und Buchstabensammler wie ich an den ergiebigsten Quellen säße. Aber nein, dreimal nein! Die Alumnen im Kloster sind wahrhaftig keine Stiftsstudenten, sondern regelrechte Kindsköpfe zuweilen, aber gerade heraus und willig sind sie meist, und das ist kein übler Stoff, um pädagogisch dran zu formen und zu drechseln. Und obendrein, Fröschlen, hat am Ende doch bloß Bedeutung, was die Herzen bildet. Da kann man nicht früh und umsichtig genug anfangen bei der Jugend. Die reine Wissenschaft ist der reine Unsinn, weil sie Kopfakrobaten züchtet, denen die lebendige Beziehung zum Herzen abgeschnitten wurde. Wer viel weiß, kann gut ein Schuft und ein Saukerl sein, und wenn du den Homer oder den Paulus im griechischen Original lesen kannst, bist du noch lange kein Geliebter bei Gott und kein Freund unter Menschen. Bildung, lieber Fröschlen, das ist ein kostbares Gut und eine moralische Herausforderung für die Lehrer, die sie vermitteln sollen. Ich muss immer neu drüber nachdenken und mich prüfen, was ich falsch oder ungeschickt mache bei meinen Schülern. Ob ich sie wirklich zur Ehrfurcht vor Gott anhalte, die bekanntlich aller Weisheit Anfang ist laut König Salomo. Da hast du's leichter mit deinen Pflastern und mit deinem Seifenschaum. Aber wenn ich's verkehrt anstelle, dann werden gleich Herzen verletzt und bluten und vernarben, und es ist nicht einmal gesagt, dass ich's überhaupt bemerke. So ist das, Fröschlen. Ein paar Buben im Seminar machen mir Sorgen. Nicht weil sie faul oder liederlich wären, sondern weil sie sich verstecken wie hinter einer Mauer, so dass ich keinen Zugang finde zu ihnen."

Sofort fiel mir der Bartel ein mit seinem inneren Widerspruch gegen alles, was ihm anscheinend aufgezwungen wurde in Kirche und Kloster. Doch ich durfte den Namen nicht nennen und von seiner Beichte kein Wort erwähnen. Darum sagte ich bloß: „Die meisten Alumnen mögen Euch, Herr Praezeptor. Und bewundern Eure Gelehrsamkeit. Ein paar sind immer dabei, die sich unwohl fühlen und lieber daheim auf dem Acker pflügten und das Vieh im Stall versorgten."

Bengel schüttelte den Kopf: „Das meine ich nicht, Fröschlen, obwohl das auch vorkommt, zweifellos. Ich meine den inneren Abstand zu mir, den ich bei dem und jenem spüre. Als wären sie geistig anderswo zu Hause und in der Fremde bei uns. Neulich habe ich von Luther geredet und von der Reformation, die exakt vor zweihundert Jahren angefangen habe im fernen Wittenberg." Er machte eine Pause.

„Und?", fragte ich. „Wie haben sie's aufgenommen?"

„Gelangweilt vor allem", lächelte der Praezeptor. „Was sollte junge Burschen auch begeistern an einem Ereignis längst vergangener Tage? Ich habe dann gesagt, dass das Jubiläum der Reformation im Herbst begangen werde überall in deutschen Landen und auch im Kloster Denkendorf. Ein betreffender Erlass des Herzogs werde in Kürze erwartet. – Nun, und darauf prustete doch einer los, als hätte ich die lächerlichste Schnurre zum Besten gegeben."

„Der Bartel", entfuhr es mir, und ich hätte mich ohrfeigen mögen für meine Unbeherrschtheit.

„Der Bartel, in der Tat", staunte Bengel, „wie kommst du darauf?"

Nun steckte ich in der Klemme. Mit der Wahrheit herauszurücken, verbot sich, und Unwahres vorzubringen nicht minder. Ich druckste herum und zog mich mit der lahmen Auskunft aus der Affäre, dass ich einfach drauflos geraten hätte. Überzeugt schien der Praezeptor nicht zu sein, aber er verzichtete darauf, weiter in mich zu dringen. Ein feiner Pädagog ist's, feinfühlig und die Menschen schonend neben sich.

Und dann ließ er mich teilhaben an seinen Gedanken. Der Bartel nämlich erinnere ihn ein ums andere Mal an seine eigenen Jugendjahre. Und an das, was er selber erlebt habe in dieser Zeit und was auf ihn Einfluss genommen und ihn innerlich besetzt und ausgefüllt hatte.

Mein Interesse war wohl so unverkennbar, dass Bengel sich zurücklehnte auf seinem Stuhl und zu erzählen anfing:

„Das hängt dir lange nach, Fröschlen, was du in Kindheit und früher Jugend erlebst und was du an Bildern und Geschichten in dich aufnimmst wie ein unverdorbener Schwamm das reine Wasser. Als ich sechs war, brachen die Franzosen in Winnenden ein, und das war kein Sonntagsbesuch. Ich sehe noch Häuser in Flammen stehen und Frauen mit Kindern auf den Armen herumirren auf der Suche nach einem sicheren Ort. Doch es gab keine Sicherheit. Meine Mutter kam mit dem Leben davon und hatte mich versteckt vor dem fremden Pöbel, aber was sie besaß, nahm man ihr weg. Auch das Dach über dem Kopf, das lichterloh brannte und zusammenstürzte. Der Mensch kann zur Bestie werden, wenn er losgelassen wird, äußerlich und vor allem innerlich. Das hab ich erlebt, Fröschlen, und hab's nicht vergessen. Und weiß seitdem, was Zucht für eine Tugend ist, nicht die mit Stock und Rute, sondern die andere, bessere, die das Herz festigt und den Menschen eine Haltung gibt. Es liegt mir deshalb dran, dass meine Schüler heranreifen in der inneren Zucht, und die Regeln der Grammatik und die Ordnung des Tages im Seminar können beitragen dazu wie Stufen und Geländer, mit deren Hilfe der Bergwanderer seinen Weg auf die Höhe nimmt.

So betrachtet, mein lieber Fröschlen, gibt's kein Ereignis im Leben, auch keins von der schlimmen Art, das nicht sein Gutes hätte für die Entwicklung des Geistes und der Seele.

Mit sechs kam ich ins Haus eines Lehrers in Marbach. Das war der David Wendelin Spindler, ein braves Gemüt und eine väterliche Seele, weiß Gott, doch er war bekannt und bald auch berüchtigt und sogar verfolgt wegen seiner Religion. Vorzuwerfen hab ich ihm gar nichts. Er hat mich liebevoll behandelt und geistig gefördert. Hat mich im Lesen und Schreiben und in den Anfangsgründen des Latein unterrichtet und natürlich auch in seinen Ansichten über die Welt und Gottes Plan mit ihr. Dass diese Ansichten nicht dem orthodoxen Luthertum entsprachen, lag damals außerhalb meines Urteilsvermögens. Ich erlebte die Glaubensglut in diesem Spindler und ließ mich selber entzünden davon. Erst in Marbach, dann im Remstäler Schorndorf und schließlich in Stuttgart, wo mein Ziehvater eine Lehrerstelle am feinen Gymnasium illustre übertragen bekam. Den Spener hatte er eifrig studiert, der seiner Kirche die Leviten las und eine allgemeine Reformation dringend machte. Und das nicht allein in den äußeren Verfassungen, sondern bei der inneren Verfasstheit menschlicher Herzen. Zu viel Fassade sei bei der Kirche und zu wenig erfrischender Lebensquell dahinter. Reformation also müsste Umkehr heißen. Umkehr von der Welt zu Gott, von den Schalen zum Kern, von außen nach innen. Und dann kam noch Gottfried Arnold hinzu. Dieser Prophet im Gewande eines Historikers. Der hatte die ganze Kirchengeschichte durchgekämmt und der Großkirche mit all ihren Ämtern und Ordnungen ein verheerendes Zeugnis ausgestellt. Die ganze Hoffnung in dieser verkorksten Geschichte habe immer nur bei kleinen Gruppen entschiedener Christen gelegen. Den Montanisten und Spiritualisten und Chiliasten und wie man sie sonst genannt und öffentlich verketzert hätte. Bei denen habe das Evangelium nicht aufgehört, buchstäblich zu gelten, und der Geist Christi habe sie zur schonungslosen Unterscheidung der Geister ermächtigt. Auch jener Geister, die in die verfasste Kirche eingedrungen seien, um ein antichristliches Regiment darin aufzurichten. Der Spindler hat Arnolds Sichtweise völlig übernommen und verstärkt. Für die Kirchenoberen fand er kein gutes Wort, und am Abendmahl nahm er aus Protest überhaupt nicht mehr teil. Ich muss zur Zeit viel dran denken, Fröschlen, wo uns die Feierlichkeiten zum Reformationsjahr ins Haus stehen und ich die bittere Spaltung befürchte: zwischen den vielen, die sich selbstgefällig auf die lutherischen Schultern klopfen, und den wenigen Eiferern, die das ganze aufgetürmte Sündenbabel zerschmettern und äußerlich arm, aber innerlich reich den Herrn im Geiste anrufen möchten.

Übrigens, Fröschlen, mit dem Spindler ging's rau und tragisch weiter. In Stuttgart geriet er in einer Separatistenversammlung der Frau von Kulpis mit der Polizei aneinander, er wurde mehrfach vors Tribunal des herzoglichen Konsistoriums geladen und endlich, weil man durch ihn einen verderblichen Einfluss auf die Schuljugend befürchtete, aus Ämtern und Diensten entlassen. Verbittert zog er außer Landes, und ich weiß nichts weiter von ihm. Behalte ihn aber in dankbarer Erinnerung und ehre den ‚väterlichen Freund‘, der er für mich gewesen ist. Und gelernt habe ich auch von ihm. Die Sache mit dem Heil schaffenden Gottesplan für alle Menschengeschichte geht mir nicht aus dem Kopf und das Leiden an einer Kirche, in der es kalt und dunkel geworden ist, nicht aus dem Herzen. Nur die Überheblichkeit des Geistes, wohin der Spindler und seine Freunde sich verstiegen, teile ich nicht. Gottes Geist hat nichts von Überheblichkeit, lieber Fröschlen, eher viel von der Demut, die den Heiland erfüllte in seinen Erdentagen. Und solche Demut lernen wir beim sorgfältigen Hinschauen auf die Worte der Heiligen Schrift! So ist das: Allein das Schriftstudium bewahrt vor Geistesüberheblichkeit! Meinen Schülern versuche ich das beizubringen, Stunde um Stunde. Und weiß, dass es junge Gemüter gibt, die sich lieber entzünden lassen, um wie eine Fackel zu brennen, als dass sie den Nacken beugen über hebräischen Buchstaben, die Sinn bringend zusammengefügt werden sollen. Der Bartel, scheint mir, dürfte auch einer sein von dieser Sorte. Leicht entflammbar, auch wenn das mit der Gefahr eines geistlichen Dünkels zusammengeht. Ich werde Acht haben auf ihn.“

Bengel erhob sich. Er wolle noch rasch nach der kleinen Tochter sehen, bevor er zum Unterricht müsse, sagte er. Ihm sei so, als weine sie zu viel. Und seine Frau werde es kaum verschmerzen, wenn ihr noch einmal ein Kind genommen werden sollte. Ach, manchmal brauche es übermenschliche Kräfte, den Ratschluss des Höchsten zu begreifen und anzunehmen.

Ich schritt über den Hof zu meinem Arbeitsplatz. Ein paar Schüler liefen mir über den Weg, mit wehenden Kutten. Gleich würden sie über den Büchern sitzen und Texte entziffern. Jener inneren Zucht zuliebe, von der der Praezeptor gesprochen hatte vorhin. In den Gärten blühten die Rosen, umtaumelt von Hummeln. Hoch über den Klosterdächern kreiste ein Bussard, den dreiste Krähen verfolgten, um ihm das Revier streitig zu machen. Das schwarze Volk krächzte und krakehlte und der größere Vogel zog sich wie angewidert von ihnen zurück.

Eigentlich kam alles anders als gedacht.

Denn gedacht hatte ich, dass im Herbst ein Fanfarenstoß durchs Land gehen und alle Glocken läuten und die Menschen in Festtagsklei-dern zu den Kirchen wallfahren und auf den Tennen tanzen würden. Alles zu Ehren der großen Reformation. Zweihundert Jahre Luthers Paukenschlag in Wittenberg! Das musste doch ein Beben auslösen in seiner evangelischen Kirche. In weltlichen Kanzleien und geistlichen Ämtern müsste der Eifer überkochen, ein Festprogramm auf die Beine zu stellen, das sich des Jubiläums würdig erweisen könnte, und alle Pfarrherren und Prälaten und Pröpste müssten wetteifern in der Kunst, den Vätern unseres Bekenntnisses goldene Kränze zu flechten.

So dachte ich.

Aber es tat sich nichts. Das Seminar geriet bei seinem gestanzten Bildungsgang überhaupt nicht aus dem Rhythmus, und auch vom Um-land konnte man den Eindruck gewinnen, dieses Jahr 1717 sei ein Jahr wie alle anderen. Kein Begeisterungssturm war zu spüren, nicht mal ein Lüftchen, und von handfestem Widerstand gegen den Festanlass konnte auch keine Rede sein. Von entfernten und eher peinlichen Er-güssen eines böhmischen Jesuiten abgesehen. Allenthalben zuckte man mit den Achseln und war drauf und dran, die Sache einfach zu ver-schlafen. Und am Ende passte das sogar ins Bild, das sich etwas nervö-sere Zeitgenossen vom Zustand ihrer Kirche machten. Aber was nützt es, dass ein Klosterbarbier sich aufregt, wenn die hohe Geistlichkeit so wenig wie die weltliche Herrschaft Miene macht, zu den Fahnen zu eilen, wenn's an der Zeit ist? Die Katholischen jedenfalls werden sich ins Fäustchen lachen, weil die Protestanten so träge sind und ihre Hintern nicht aus den Bettstellen kriegen.

Als ich beiläufig den Propst Hochstetter nach einem Sonntagsgottesdienst fragte, was seiner Kenntnis nach anderswo im Gange sei zur Feier der Reformation, sah er mich betreten an, als staune er über die komischen Flausen, die mir durch den Kopf gingen. Doch, sagte er endlich, ihm sei zu Ohren gekommen, es sollten besondere Münzen geprägt werden zum Gedenken an Luther. Münzen! Ich konnte mir's grad noch verkneifen zu fragen, wer's denn da wem mit evangelischer Münze heimzahlen wolle, als der Propst fortfuhr: Ja, doch, und in Ulm mache sich der Pfarrer Christoph Rink stark und predige schon das ganze Jahr über Luthers Werk und die reformatorische Erneuerung. Anscheinend habe man auch in Kursachsen dies und das vor, im Heimatland des Reformators nicht eben verwunderlich. Und der gutwillige Landgraf Ernst Ludwig von Hessen-Darmstadt habe eine alle Länder übergreifende Jubelfeier angeregt und sich prompt von Preußen einen Dämpfer geholt, mit dem seine Idee erschlaffte und in sich zusammenbrach.

Trostloser konnte es kaum aussehen, und ich fing schon an drüber nachzudenken, ob die Separatisten vielleicht doch im Recht wären mit ihrer Auffassung, das alte Haus der Kirche sei innerlich ausgebrannt und leer und zerbrösele sichtbar zu Staub. Und alle, die Verantwortung trügen, stünden milde daneben wie Leichenbeschauer und Totengräber, ganz ohne Erneuerungswillen und Schwung.

Doch auch in dieser Hinsicht kam's anders als gedacht.

Denn Urlsperger rückte von Stuttgart an, der Studienfreund unseres Praezeptors Bengel und Oberhofprediger inzwischen, leider von der Graevenitz' Gnaden. Das machte seine Reputation nicht lupenrein und seine Rolle bei Hofe nicht leichter. Die Spatzen pfiffen längst von den Dächern, was die Graevenitz für eine war. Eine ‚Hex', sagten die Leute unverblümt und zutreffend. Sie war aus dem Mecklenburgischen in die herzoglichen Gemächer nach Württemberg eingewandert, lanciert von ihrem Bruder, der hier als Kammerherr Dienst tat. Und bald hat die Graevenitz angefangen, den lustanfälligen Herzog zu umgarnen, bis sie nicht bloß in den äußeren Räumen des Schlosses nach Gutdünken waltete, sondern auch in den intimeren Gemächern unseres Eberhard Ludwig selber. Den ließ sie sogar vergessen, dass er bereits verheiratet war. Und verdrehte ihm den Kopf mit barocker Allongeperücke oder ohne, dass er sie nicht nur als Mätresse nebenbei hielt, was auch nicht fein, aber immerhin üblich war, sondern offiziell zur zweiten Ehefrau nahm, was nun wirklich gegen alle Ordnung und religiöse Sitte verstieß. Es war ein Skandal, dessen Geruch bis zum Kaiser nach Wien vordrang. Das geistliche Konsistorium legte Protest ein, mehr pflichtschuldig und weniger aufgeregt als ein paar Jahre zuvor beim Protest gegen die Ansiedlung von Waldensern im Land.

Diese bedauernswerten Flüchtlinge kamen aus Savoyen herüber, verfolgt vom Sonnenkönig, der keine reformierten Ketzer als Untertanen haben wollte, und der Herzog Eberhard Ludwig überließ ihnen Siedlungsgebiete entlang der öden Reichsverteidigungslinie gegen die Franzosen im Westen. Die Waldenser brachten ihren alten Glauben mit, der dem Calvin näher stand als dem Luther, sowie als kulturelle Novität die Kartoffel, die sie auf Württemberger Äckern anbauten. Die neue Kartoffel störte das brave Konsistorium in Stuttgart nicht, wohl aber der halbe oder ganze Calvinismus, der sich zusammen mit ihr breit machen wollte auf heimischem Territorium. Also bedrängte man den Herzog. Wenn er die Neubürger schon auf seinem Grund zu dulden gedenke, dann sei ihnen wenigstens eine Konfirmation aufs lutherische Bekenntnis abzuverlangen. Eine ziemlich instinktfreie Zumutung, finde ich. Um ihres Glaubens willen böse herumgetriebene Familien zu einer Glaubensänderung zu nötigen, damit sie Bleiberecht erwerben, war ein rechtes Armutszeugnis evangelischer Bekenntnistreue. Der Herzog erwies sich zum Glück als Manns genug, die Eingaben seiner Geistlichkeit dorthin zu befördern, wo sie hingehörten, in den Ofen nämlich.

Und nun hatte sich derselbe Herzog die Blöße gegeben, sich eine Freiheit der pikanteren Art zu gönnen, die nun wirklich nicht evangelisch genannt werden konnte. Hinzu kam, dass die Graevenitz sich als

Luder darstellte, die tat, was ihr gefiel. Sie krempelte den Hofstaat um und bevölkerte ihn mit Vertrauten, die aus aller Herren Länder kamen und sich nur ihr verpflichtet wussten. Der Herzog aber war ihr hörig, und die Hofprediger knirschten mit den Zähnen. Es gab Mutige, die mit ihrer Empörung nicht hinter dem Berg hielten und die Ehebrecherin öffentlich aufs Korn nahmen. Der eine, Malblanc, schloss die Graevenitz vom Abendmahl aus. Ein andrer, Johannes Osiander, Direktor im Stuttgarter Konsistorium, soll sich dem Vernehmen nach die denkbar schärfste Attacke geleistet haben. Den hatte die Graevenitz nämlich ersucht, ihre Person gefälligst neben anderen Herrschaften im Fürbittengebet zu erwähnen. Worauf Osiander erwidert haben soll: Madame, so geschieht's bereits in jedem Gottesdienst, und zwar mit der siebten Bitte des UnserVaters. Bestimmt hat die ‚Hex' erst im Katechismus der Hofbibliothek nachschauen müssen, wie diese siebte Bitte eigentlich lautet. Und wird ihre Zähne gefletscht haben, als sie las: „Erlöse uns von dem Übel!"

Und der nun überhaupt nicht falsche, eher um Ausgleich und Frieden bemühte Samuel Urlsperger war von der Graevenitz höchstpersönlich ins Amt des Oberhofpredigers gehievt worden. Vermutlich, weil sie meinte, von ihm nichts befürchten zu müssen. Und damit hatte sie erst einmal gar nicht verkehrt gewettet. Erst einmal. Doch bekanntlich gibt's die spannende Erfahrung mit dem Fass, das bloß noch Tropfen braucht, um kräftig überzulaufen.

Urlsperger also reiste an, und der Propst rief zur Klosterversammlung, die Botschaft des Mannes vom herzoglichen Hof zu vernehmen. Die Alumnen hatten geschlossen anzutreten, das Personal war zur Teilnahme gebeten. Der Speisemeister hatte die Küchenschürze abgelegt und ein weißes Hemd übergezogen. Unsre Klosterjugend genoss die Abwechslung vom Schulbetrieb, zumal die Versammlung bei Sonnenschein im Hof stattfinden konnte. Bengel stand mit dem Gast unter dem Baldachin vor dem Kirchenportal, begrüßte ihn als alten Freund und bat um Aufmerksamkeit.

Er habe zwei Nachrichten, sagte der Hofprediger, und eine besser als die andere.

Die erste betreffe die herzoglichen Anordnungen zum Reformationsfest. Es solle am 28. Oktober beginnen und mit dem 31. Oktober, dem Tag des Wittenberger Thesenanschlags, schließen. In allen Kirchen solle dem Festanlass entsprochen und über besondere Bibeltexte gepredigt werden. Am 28. über Hebräer 13, Vers 7: Gedenket eurer Lehrer! Das solle mit einer Erinnerung an Luthers Lebenswerk verbunden werden, deren Wortlaut vom Konsistorium rechtzeitig versandt werde. Am 29. werde der Predigt Apokalypse 2, Vers 5 zugrunde gelegt: So denke nun daran, wovon du abgefallen bist, und tue Buße! Da werde erwartet, dass Prediger und Hörer kräftig in sich gingen und ihre Gewissen erforschten. Schließlich stehe der Hauptfesttag am 31. Oktober unter der schönen Verheißung des 87. Psalms: Sie ist fest gegründet auf den heiligen Bergen! Das lasse sich im Blick auf die ganze lutherische Kirche gewiss recht erbaulich auslegen – und für die geistliche Festung hier auf dem Klosterberg erst recht.

Das war ein matter Scherz des Hofpredigers, und es war auch niemand von den Zuhörern annähernd belustigt. Überhaupt schien das Gesamtprogramm nicht dazu angetan, in freudige Erregungszustände zu geraten. Es gab Alumnen, die ich verstohlen gähnen sah, und ich bekam nicht übel Lust, dasselbe – bloß gradheraus – zu machen. Urlsperger konnte die magere Resonanz auf seinen Vortrag herzoglicher Festideen kaum verborgen bleiben, und so beeilte er sich zu erklären, der Herzog wünsche ausdrücklich eine bescheidene Festbegehung und kein lärmendes Konfessionstheater.

Schade, dachte ich, denn unscheinbares Auftreten der Kirche musste nicht eigens zelebriert werden, daran war man gewöhnt.

Nach dieser ersten Nachricht vom Hof in Stuttgart war allerdings alle Spannung im Blick auf die zweite zum Erliegen gekommen, und ich spielte schon mit dem Gedanken, einen unauffälligen Rückzug einzuleiten. Doch damit hätte ich mich um einige Neuigkeiten gebracht.

Urlsperger kam nämlich zu seiner zweiten Nachricht und offenbarte, dass hoher Besuch zu erwarten sei. Drüben in der Residenz und ebenfalls hier im Kloster. Denn Francke wolle kommen. Der berühmte August Hermann Francke, Gründer des nicht minder berühmten Waisenhauses in Halle, das dem kleineren Stuttgarter Waisenhaus zum Vorbild gedient habe. Francke sei ein Pädagog von höchsten Graden und ein Theolog von großen Gnaden, überall bekannt und verehrt in der gebildeten Welt. Er sei zu einer württembergischen Rundreise geladen, die Osiander organisiere, und wolle auf alle Fälle die hiesige Klosterschule in Augenschein nehmen. Das sei eine besondere Ehre für den Propst und die Herren Praezeptoren, und von den Schülern erwarte man, dass sie den vorzüglichsten Eindruck hinterließen. Im Übrigen sei Franckes genauer Ankunftstermin in Denkendorf noch nicht festgelegt. Ende August werde er voraussichtlich in Stuttgart eintreffen und wohl drei Monate oder mehr im Lande bleiben. Gut möglich, dass er exakt zum Reformationsfest hier auf dem Klosterberg oder sogar auf der Kirchenkanzel stehe.

Dies war nun allerdings der Erwähnung wert, und wenn der erwartete Besuch schon keine Volksfeststimmung hervorzuzaubern würde, so war immerhin für einen bemerkenswerten Akzent gesorgt. Bengel wirkte beglückt und lächelte mehr in einer halben Stunde als sonst im halben Jahr. Dazu nahm er Gelegenheit, die Ausführungen des Oberhofpredigers nicht bloß dankend zu quittieren, sondern eigene Erinnerungen anzuhängen, die seine persönliche Pilgerreise nach Halle vor Antritt des Klosteramtes betrafen. Neu war das niemandem im geduldig lauschenden Publikum, aber es passte in den gegebenen Rahmen, und keiner verübelte es dem Praezeptor, dass er nach wie vor erfüllt war von seinen Reiseimpressionen und es häufig für angezeigt hielt, Daheimgebliebene damit zu erbauen. Auf Francke freue er sich von Herzen, betonte er zum Schluss. Der sei ein wahrer Erneuerer seiner Kirche und das ‚Beispiel eines in der rechten Kraft beharrenden Mannes‘, wie er sich ausdrückte, und sein Pädagogium in Halle sei ein ausgezeichneter ‚Sitz der Weisheit und Frömmigkeit‘. Wenn dieser Francke das Kloster mit seiner Anwesenheit beehre, sei das ein echtes Jahrhunderterereignis in Denkendorf.

Ich kannte ja meinen lieben Bengel mit seiner Begeisterung für Franckes Person und sein Werk in Halle, aber es flog mich doch ein gewisses Befremden an, weil man beim lebendigen Francke offenbar nicht scheute, was man beim toten Luther sehr bedenklich fand: nämlich die Person ausgiebig zu ehren. Irgendetwas stimmte da nicht recht zusammen. Beim einen, dessen Jahrhundertjubiläum anstand, legte man besorgt die Zügel an. Beim andern ließ man sie fröhlich schießen. Aber sei's drum, allzu heftig würden die Rosse überschwänglicher Begeisterung auch nicht durchgehen beim sächsischen Besuch auf dem Klosterberg.

Nun war bereits der nächste Sommer ins Land gezogen, und man schrieb das Jahr 1718. Ich hatte mir die hilfreiche Anregung des Praezeptors Bengel zu Herzen genommen, ein Tagebuch zu führen, und tat es bestimmt eifriger als sämtliche Alumnen, für die der Rat eigentlich bestimmt war. Im Tagebuch verewigen sich die Erinnerungen. Das ist gut angesichts der Eigenart unseres Gedächtnisses, nichts Flüssiges zu halten wie ein Suppentopf, sondern durchlässig zu sein wie ein Sieb.

Am Sonntagnachmittag stieg ich vom Tal zum Sauhag hinauf, wo's schattig und kühl ist im Wald und wohin sich keine Menschenseele aus dem Dorf verirrt. Ich trug mein Tagebuch samt Stift in der Rocktasche und suchte mir einen Ruheplatz aus bei einer kleinen, mit Moosen und Gräsern bewachsenen Lichtung. Um mich war Stille, wie ich sie sonst bloß aus der Klosterkrypta kenne, nur zärtlich durchwirkt von Vogelstimmen aus den benachbarten Wipfeln. Mir war wie dem guten Paul Gerhardt zumut, der von seinem Herzen singt, das auszieht und Freude sucht in der lieben Sommerzeit und an Gottes reichen Gaben. Am Fuß einer mächtigen Buche nahm ich Platz, holte mein Tagebuch aus dem Sack, las gemütlich in den Notizen der vergangenen Monate und ergänzte sie hier und da.

Es war nämlich mancherlei passiert.

Mein bevorzugtes Beichtkind, der junge Bartel, hielt sich an unsere Abmachung, wöchentlich zu erscheinen in meiner Barbierstube, und von seinem eisernen Entschluss, einen heimlichen Abgang vom Kloster zu nehmen, war bald keine Rede mehr. Dies weniger aus gereifter Einsicht als aus enttäuschter Liebe. Denn die Marie mochte anscheinend nicht dauerhaft halten, was sie in der Hitze ausgetauschter Zärtlichkeiten versprach. Kurz: Sie nahm allmählich Abstand vom Bartel, und das nicht aus plötzlicher Keuschheitsanwandlung, sondern aus Lust an deftigerer Männlichkeit. Dem feingliedrigen und mit seinem Latein kokettierenden Klosterbuben zog sie einen handfesten Bauernburschen aus dem Dorf vor, der keine klugen Reden führte und rasch zur Sache kam.

Für mich ergaben sich neuerliche Tröstungsaufgaben daraus, weil dem Bartel die Verarbeitung von Liebesleid eine gänzlich unvertraute Übung war, mit der er auch zu keinem kommen konnte außer zu mir. Ihm zersprangen seine geputzten Ideale gleich reihenweise. Erst die Ansicht vom engelgleichen Zauber des Weibes. Dann die Anbetung der Liebe überhaupt. Und schließlich sogar der Glaube an das Walten des Geistes in den engen Zirkeln besonders frommer Gemeinschaften. Wegen der Attraktivität einer Marie musste er jetzt nicht mehr das Kloster aufgeben und wegen berauschender Geisterfahrungen nicht nach Pennsylvanien auszuwandern. „Fröschlen", sagte er eines Tages, „Ihr seht in mir eine gescheiterte Existenz."

Das klang nun auch wieder ziemlich hochfahrend, wenn auch jetzt in der depressiven Richtung, und ich hatte alle Mühe, ihm den Nacken zu stärken. Denn er spielte tatsächlich mit der verrückten Absicht, sich von der hohen Klosteraltane in den Abgrund zu stürzen oder bei einer Untiefe der Körsch zu ersäufen. Als er mit der Ausführung solcher Pläne aber deutlich zögerte, wurde mir klar, dass sie einen wichtigen Teil im Verarbeitungsprozess seines Liebeskummers darstellten, der vulkanisch im Gange war. Danach konnte ich seine selbstbezüglichen Tötungsdrohungen gelassen anhören und schweigend übergehen.

Im Herbst des vergangenen Jubeljahres geriet der gebeutelte Bartel überdies in Verlegenheit, weil der Propst ihn ausersah, die Festrede zu Ehren des Pädagogen aus Halle, eine lateinische Allocution, zu halten. Wie solle er da reden, ohne zu lügen? fuhr er mich wütend an. Der Francke sei ihm egal wie das Kloster mit seinen Lehrern und allem verstaubten Kram aus uralten Zeiten. Es sei genug, dass er die Zeit absitzen müsse und nicht auffällig werde mit seinem Überdruss. Ich beruhigte ihn und versprach, eine Lösung zu finden, die ihm keinen Schaden eintragen sollte.

Doch ich greife vor.

Tatsächlich reiste August Hermann Francke in Denkendorf an, aber nicht zum Reformationstag, sondern über drei Wochen später. Der Reformation hatte Bengel in seiner Klosterpredigt gedacht und im Namen Jesu der abgefallenen Kirche Buße gepredigt. Solange eine Zeit der Verfolgung war, meinte er, sei Luthers evangelische Kirche gewachsen; sie nahm ab, als die Verfolgung vorüber war.

Mehr ist mir nicht in Erinnerung und mehr war wohl auch nicht. Zumal der Praezeptor Bengel in diesen Wochen nur beiläufig im Kloster vorbeischaute, weil er ständig mit dem Gast aus Halle unterwegs war in herzoglichen Kutschen. Er rückte ihm, salopp geredet, nicht von der Pelle. Nährte sich an seinen Weisheiten und freute sich an den Wellen aus Achtung und Zuneigung, die allenthalben über den geschätzten Francke hereinbrachen.

Der ließ sich feiern und sparte trotzdem nicht mit Kritik. In Stuttgart war's passiert, dass der Stadtrat ihm zu Ehren eine festliche Abendkollation gab, bei der die Schwaben herzlich zulangten und Wein wie Wasser durch die Kehlen gossen. Was den eher asketischen Gepflogenheiten des frommen Sachsen nicht annähernd entsprach. Er muss sich andern Tags gehörig beschwert und das Besäufnis vom Vorabend ausdrücklich gerügt haben. Worauf der Rat ihn spitzbübisch wissen ließ, seine Gegenwart habe ihnen nun einmal zu ausnehmender Erbauung verholfen.

Da versprachen die Eindrücke in Denkendorf doch mehr seinem Sinn für Zucht und Anstand zu genügen.

Er traf am 23. November, einem Dienstag, ein. Der eleganten Equipage entstieg der Oberhofprediger Urlsperger, dann der mit Spannung erwartete Francke selbst. Ich hatte mir eine hoch gewachsene, schlanke Gestalt von prophetischer Ausstrahlung vorgestellt und war verdutzt, einen ziemlich kurz geratenen vierschrötigen Kerl zu Gesicht zu bekommen, auf dessen breitem Schädel ein Käppchen saß, das er anscheinend nie und nirgends absetzte. Bengel war gleich zur Stelle und wies Bedienstete an, das Gepäck des hohen Gastes in seine Wohnung zu tragen, während er selbst mit Francke und Urlsperger die Propstei aufsuchte.

Was dort geredet wurde, entzieht sich meiner Kenntnis, weil der geistliche Diskurs der Herren natürlich ohne den Klosterbarbier vonstatten ging. Nachher erfuhr ich immerhin, es sei um das bleibende Problem mit Inspirierten im Land gegangen und um gewisse Unruhen, die sie immer wieder auslösten. Beglückt war bestimmt keiner der Herren davon.

Am wenigsten Urlsperger. Denn der war als Mitglied des Synodus unmittelbar befasst, alle kirchenspalterischen Umtriebe zu erkennen und nach Kräften beizulegen. Außerdem vertraute mir Bengel auf unserem Gartenbänkchen an, wie Francke sich den Oberhofprediger in Stuttgart vorgenommen habe. Ein ziemlich laues Wasser sei er, habe Francke gemeint. Das Urteil bezog sich auf den geistlichen Burgfrieden, den Urlsperger anscheinend mit der sündhaften Graevenitz geschlossen hatte. Einen ‚stummen Hund‘ hatte Francke sogar den gewiss ziemlich zerknirschten Urlsperger geheißen, in Anspielung auf das Prophetenwort im Jesaja, wo‘s über die Wächter Israels heißt: ‚Stumme Hunde sind sie, die nicht bellen können, sie liegen und jappen und schlafen gerne.‘ Das musste schrill tönen in den Ohren eines ranghohen Kirchenmannes, und hinter dieselben wird sich‘s der Urlsperger auch geschrieben haben. Denn zum Karfreitag diesen Jahres hat er wacker hingelangt und in seiner Predigt den Herzog samt seiner liederlichen Graevenitz des Ehebruchs bezichtigt. Was wie die Lunte an ein Pulverfass wirkte. Der Herzog soll geäußert haben, er sei am liebsten aufgesprungen und hätte den Pfaffen mit seiner Pistol von der Kanzel geschossen. Und wenn er das aus nahe liegenden Gründen unterließ, so gab er den Prediger doch nicht frei aus seinem Zorn. Er verlangte, dass Urlsperger zu Kreuze krieche und widerrufe. Der weigerte sich jedoch standhaft und nahm in Kauf, dass er wegen Majestätsbeleidigung angeklagt und sogar zum Tode verurteilt wurde. Eine Ungeheuerlichkeit, wenn man bedenkt, dass der Landesherr zugleich Bischof seiner evangelischen Kirche ist und sich nun anschickte, einen missliebigen Geistlichen unters Fallbeil zu drücken, der sich nichts anderes zu Schulden kommen ließ, als biblische Gebote auf den eigenen Fürsten anzuwenden. Zum Glück müssen geschickte Berater den Herzog rechtzeitig umgestimmt haben, so dass das ergangene Urteil ausgesetzt und der Oberhofprediger lediglich aus seinem Amt entlassen und in die Wüste geschickt wurde.

Doch zurück zum vergangenen Herbst!

Am Abend des 23. November versammelte der Propst die Klostergemeinde, um den Gast aus Halle gebührend zu ehren und in Denkendorf willkommen zu heißen. Auch der junge Bartel hockte gelassen in der Alumnenschar. Es war mir gelungen, ihn von der peinlichen Pflicht, die Festrede zu halten, rechtzeitig zu entbinden. Dem Propst hatte ich – weitgehend im Unklaren belassene – Hemmungen des zunächst Erwählten angezeigt und für die Benennung eines anderen, des gewandten Reuß etwa, plädiert. Hochstetter hatte sich ein wenig gewundert, dass einer die Ehre der Allocution ausschlagen könne, dann aber eingewilligt. Und so ließ sich der begabte Alumne Reuß zu Preisgesängen auf den Hallenser herbei, verglichen mit denen die kürzlich vorgetragenen Worte der Würdigung, die Bengel für den Reformator gefunden hatte, eine dünne Stimmübung darstellten. Reuß zelebrierte seinen Vortrag und setzte alle dramatischen und lyrischen Mittel ein, die ihm nach den Rhetoriklektionen des Seminars zu Gebote standen. Dem Meister aus Sachsen sei nicht genug zu danken, lobhudelte er, dass er dem bescheidenen Württemberg und dem Kloster Denkendorf seine geneigte Aufwartung mache. Und seine Reise durchs Land nehme sich aus wie der Zug einer segensreichen Wolke am Himmel, die die dürren Felder auf der Erde mit Leben spendendem Wasser befeuchte. Und so weiter. Der Propst war jetzt gewiss überzeugt, die richtige Rednerwahl getroffen zu haben und zwinkerte mir verstohlen zu. Dem Gast wurde obendrein ein lateinisches Gedicht überreicht, und er bedankte sich brav für die Aufmerksamkeit, die man ihm zukommen ließ.

Den folgenden Vormittag war man, dem Klosterbrauch entsprechend, früh aus den Federn, und Francke saß samt Begleitung bereits um sieben in Bengels Unterricht. Der durfte nun seine pädagogische Begabung unter Beweis und die Bildung seiner Schüler zur Schau stellen. Francke scheint, wo nicht begeistert, so doch wenigstens angetan gewesen zu sein. Noch vor Mittag machte er sich, das unvermeidliche Käppchen auf dem Kopf, zur Abreise bereit. Bengel führte, bevor der Gast die wartende Kutsche bestieg, seine Frau Johanna herbei, die die kleine Sophie auf den Armen trug. Francke segnete beide. Dann stieg er ein, winkte freundlich und rollte zum Klostertor hinaus.

Auf dem Hof blieben unentschlossen zurück, die ihn verabschiedet hatten.

„Ein bedeutender Mann", sagte Bengel, „mit vielen Gnaden gesegnet und eine Hoffnung für unsere arme evangelische Kirche."

Plötzlich kam mir eine Idee:

„Wir könnten drüben, auf der Freifläche hinter dem Klostersee eine kräftige junge Eiche pflanzen und sie zum Gedenken an den großen Reformator und sein Werk für die Kirche ‚Luthereiche' nennen."

Allzu glücklich in die Stimmung des Augenblicks schien dieser Vorschlag nicht zu treffen.

„Warum eine Eiche für Luther und nicht gleich auch eine für Brenz?", knurrte der Propst.

„Und außerdem", fuhr Zeller fort, der sich in diesem Punkt mit Bengels Auffassung einig fühlte; „außerdem sollte man jedes Zeichen vermeiden, das geeignet wäre, aus dem Reformator einen Götzen zu machen. Die Feierlichkeiten zum Jubiläum sind ohnehin vorbei."

So ging man auseinander.

Ich schlenderte verdrossen zurück in meine Barbierstube und dachte: Anscheinend ist es gar nicht so leicht für Zwerge, ihre Ahnen zu ehren, die doch Riesen waren.

1817 : LUTHER DEUTSCH

Der alte Prälat von Cleß schaute vom Fenster seiner Wohnung auf den Klosterhof hinunter, wo man eine Reihe von Pflanzenkübeln auf Fuhrwerken herangekarrt und abgeladen hatte. Ein paar Männer in Gärtnerkitteln prüften die Ladung, brachen einzelne Stängel mit vergilbten Blättern ab, lockerten die Muttererde auf und gossen Wasser zu.

„Vielleicht solltet ihr's mit Tabak versuchen", rief der Prälat nach unten, während er gemütlich an seiner Pfeife sog.

„Tabak möchte Gewinn abwerfen", gab einer zurück, dessen grüne Schürze über dem Kugelbauch spannte, „aber er macht die Leute nicht satt und zerfrisst die Lungen!"

„Schon möglich", gestand der Prälat am Fenster, indem er eine besonders üppige Wolke ausstieß, „nur – was unser Leben zerfrisst und auf den Hund kommen lässt, mein Lieber, das sind doch andere Sachen."

Der Gärtnermeister im Klosterhof verzichtete auf die Nachfrage, was für Sachen wohl gemeint seien. Er ahnte es ohnehin. Denn der alte Prälat war ein liebenswerter und umgänglicher Mensch alles in allem, aber auch innerlich zerfallen mit den Umständen der Zeit. Er saß in der früheren Propstei über der Vorhalle zur Klosterkirche wie der bockige Kapitän auf einem havarierten Schiff. Um sich herum gewahrte er nichts als Sterben und Untergang. Dass eine neue, glänzendere Zeit am Horizont aufziehe, wie viele behaupteten, pflegte er mit Unverständnis und bitterem Spott zu quittieren. Was sollte auch glänzend sein an einer Zeit, sagte er, wo es möglich werde, eine reiche Klostergeschichte auf den Kompost zu werfen, um Runkelrüben und Spitzkohl darauf zu züchten?

Vor fünf Jahren, anno 1812, war er in die leer stehende Propsteiwohnung des Klosters Denkendorf gezogen, und es war für ihn wie ein Bekenntnisakt gewesen. Dass er den Verfall und am Ende sogar den hirnlosen Abriss des alten Gebäudes nicht verhindern könnte, war ihm durchaus bewusst. Aber er mochte nicht schweigend zusehen und Trostloses ohne Widerspruch geschehen lassen. Diese Mauern bargen Schätze des Geistes aus der Vergangenheit, aber wer bloß die Mauern aus Steinen sah, konnte es ignorieren. Und stattdessen für sich überschlagen, wie viele Wagenladungen an Klostersteinen er benötige, um auf seinem Hof einen neuen Saustall zu errichten.

Mit den Jahren hatte sich der alte Prälat zu einem leibhaftigen Mahnmal entwickelt, das den Geist des ehemaligen Klosters lebendig erhielt. Und es kümmerte ihn wenig, dass er belächelt wurde deswegen. Ein Kauz, sagten die Leute. Ein Fossil aus einer untergegangenen Welt. Der Prälat pflegte den Kreuzgarten, so gut es seine Kräfte erlaubten, bepflanzte die Beete mit Blumen für die verschiedenen Jahreszeiten, harkte und jätete und putzte den Brunnen. In der Krypta verrichtete er sein Morgengebet zwischen Haufen von Feldfrüchten, die hier gelagert wurden, und abgestelltem Gerät. Er sang Psalmen und begrüßte die Sonne über dem Heiligen Grab mit österlichen Hymnen. Hin und wieder gesellte sich eine Bäuerin aus dem Dorf dazu und entwich verstohlen vor dem Ende der Andacht, als hätte sie einem verbotenen Spuk beigewohnt.

Die evangelische Klosterschule war auf herrschaftlichen Befehl im Jahr 1810 geschlossen und die Anstalt nach Schöntal im Hohenlohischen verlegt worden. Es war der letzte Verwaltungsakt nach einer traurigen Entwicklung gewesen. In den Räumen summte und brummte es nicht mehr vom Leben der Alumnen, und Bengels Porträt schaute hohl und ratlos auf leere Bänke herab. Von Cleß hatte noch lebhafte Erinnerungen daran, dass der tragische Hölderlin, dessen Leben sich im Tübinger Turm am Neckarufer verdunkelte, als Klosterschüler den Kreuzgang abgeschritten und im Garten geträumt hatte. Nicht einmal drei Jahrzehnte war das her. Er hatte fromme Verse geschrieben damals und sicher auch andere, die er vor kritischen Augen seiner Lehrer lieber verbarg. Gelernt und gelitten hatte er im Kloster, wahrhaftig auch gelitten, weil er nicht robust gewesen war wie andere, denen Drill und Züchtigung nicht unter die Haut gingen.

Des Klosters Schicksal lag in den Händen des Herzogs, der sich, im Zuge seiner Waffengenossenschaft in Napoleons Eroberungskriegen, plötzlich zum König erhoben fand. Er regierte mit Macht und um Mehrung seiner Macht willen. Als Ausweis seiner Allzuständigkeit verfügte er sogar darüber, wem das Recht zu studieren zukomme und wem nicht, und als auf der Alumnenliste bei der letzten Promotion der Klosterschule in Denkendorf der Name eines Metzgersohnes erschien, strich König Friedrich I. von Württemberg eigenhändig den Namen durch und vermerkte am Rand: „Soll Metzger werden!"

Das Klostergebäude war nach Schließung der Internatsschule vollkommen säkularisiert und ohne Bestimmung. Wem immer Nutzungsideen einfielen, konnte zum Zuge kommen. Fand sich kein Nutzer, drohte der Abbruch.

Nach 1811 sorgte Napoleons Kontinentalsperre für Engpässe bei Nahrungsgütern aus Übersee. Vor allem der Zucker wurde rar, weil keine Lieferungen die Blockade überwanden. Man behalf sich mit Versuchen zur Zuckergewinnung aus einheimischen Produkten und richtete im Kloster Denkendorf eine Rübenzuckerfabrik ein. Prälat von Cleß registrierte es mit Staunen, wie Rüben von den Fildern in Massen angeliefert, geputzt und in gewaltigen Kesseln zerkocht wurden, bis ein schwarzbrauner klebriger Sirup daraus gewonnen war. Der Geruch des dampfenden Saftes zog durch alle Tore und Ritzen des Klostergebäudes, und Abfall moderte auf einer Halde nahe dem See. Es war eine Schande und doch zugleich ein Segen, denn solange die Fabrik im Gange war, blieben die Klostermauern vor Zerstörung bewahrt.

Allein, die Erträge aus der Rübenverwertung erreichten nicht die gewünschten Werte, und als Napoleon samt seiner Kontinentalsperre am Ende war, wurde das Experiment mit der Rübenfabrik im Kloster wieder eingestellt. Prälat von Cleß sah es mit Genugtuung, aber nicht frei von Bangen, was jetzt folgen sollte.

Der Schultes im Dorf hatte sich mit einer Eingabe an den königlichen Hof gewandt und um Wiederherstellung des evangelischen Seminars im Kloster gebeten. Das war ehrenwert und sprach für mehr kulturellen Sinn, als er in repräsentativen Räumen der königlichen Administration anzutreffen war. Gefruchtet hat es – genau deswegen – leider nicht.

In nächtlichen Alpträumen sah der alte Prälat bereits Kolonnen von Fuhrwerken den Klosterberg hinaufkriechen, bestückt mit schwerem Handwerkszeug, das zum Aufbrechen von Wänden und Böden geeignet war, dazu mit verwegenen Kerlen in grimmiger Laune, denen nichts lieber sein konnte, als kurz und klein zu schlagen, was einmal groß und bedeutend gewesen war. Und dies alles, jammerte der Prälat; dies alles im dreihundertsten Jahr der Reformation Martin Luthers! Im denkwürdigen Jubiläumsjahr 1817! Als ob es Absicht wäre, die Schande noch größer und offenkundiger zu machen, als sie ohnehin bereits war. Die Fratze der Säkularisierung konnte nicht höhnischer aus den Kulissen der Zeit herausglotzen. Aus einem Ort frommen Gedenkens sollte eine Stätte ehrloser Vernichtung werden, seine gesamte religiöse Geschichte musste sich auflösen in ein bisschen Rauch über Trümmern.

Zuletzt erließ der König immerhin die Order, im Kloster Denkendorf eine landwirtschaftliche Musteranstalt aufzubauen. Eine Reaktion auf die Teuerung nach schweren Missernten im Jahr 1816, die nicht überall auf dem Lande, jedoch in größeren Gemeinden und Städten zu einer empfindlichen Hungersnot geführt hatte. Die Erträge auf den Feldern sollten nicht länger dem Zufall und dem natürlichen Geschick oder Missgeschick der Bauern überlassen bleiben. Man setzte auf die Wissenschaft von der Natur, der man Geheimnisse des Gelingens zu entlocken hoffte, um sie auf den Äckern praktisch anzuwenden. Akademische Landwirtschaft. Das war neu und revolutionär und nahm 1817 seinen Anfang im Kloster Denkendorf, um ein Jahr später ins nahe Hohenheim verlegt und dort fortentwickelt zu werden.

Sommerliche Abenddämmerung senkte sich über den Klosterteich, als der alte Prälat in seiner Propsteiwohnung ans Lesepult beim Fenster trat und die gestopfte Pfeife entzündete. Auf dem Hof hatten die Arbeiten aufgehört, und es war Stille eingekehrt. Von Cleß liebte die Stunde der Dämmerung. Sie war ganz ohne Forderung und frei von Fragen und konnte eine Welt umhüllen mit schweigendem Erbarmen. In dieser Zeitnische, wo der Tag sich erschöpft und die Nacht sich noch nicht von ihrem Lager erhoben hatte, konnte heimlich in Erscheinung treten, was von Bedeutung war. Vor den Augen verschwamm alles Einzelne und Bestimmte, das Pflaster im Hof, das Muster der Baumrinden, die Fassaden der angrenzenden Bauten, die windgekräuselte Fläche des Sees. Doch was da allmählich verschwand vor den Augen, gab Platz für andere Bilder. Die wuchsen heran aus ferneren Gründen und leuchteten auf in der Seele. Sie machten betrübt und sie machten froh. Und entführten in leichter Bewegung über alle Tagesgrenzen von Zeit und Raum hinaus.

Vielleicht hatte das Vermögen, Bilder in seiner Seele aufsteigen zu lassen, wenn es zum Abend dämmerte, beträchtlich zugenommen, seit seine Frau gestorben war. Bei Tage drückte ihn oft die Last des Alleinseins, am Abend löste sich das, und er fühlte sich einbezogen in einen großen Organismus des Lebens, der allem Vergehen entnommen war.

Dann betrat die Bühne der Gegenwart, was längst vergangen und zu Staub zerronnen schien. Die Chorherren schritten über den Hof, einzeln und zu Paaren, und redeten Latein. Steinmetze schlugen Pflanzenornamente in robuste Säulenkapitelle. Der Humanist Reuchlin erklärte dem Propst, warum die Schriften der Juden erhaltenswert seien, gerade für das Christenvolk. Delegationen wurden empfangen von weither, geistliche Boten aus dem verzweigten Kosmos der Chorherren vom Heiligen Grab, sogar aus Perugia, wo der Ordensgeneral im Exil lebte, nachdem Jerusalem vom Sultan eingenommen worden war. Überfälle drohten, und es wurde gebrandschatzt und geplündert. Doch das Kloster erholte sich von den Stürmen, überstand die Erschütterungen, die es heimsuchten. Ambrosius Blarer traf ein, der Reformator. Und in der Höhe des Kirchenschiffs verlor sich beinah die dünne Stimme des Praezeptors Bengel, der ein gelehrter Mann, aber kein gewaltiger Prediger war. Gesänge zogen durchs Haus und erfüllten die Gänge, erst von den Chorherren, nachher von den evangelischen Schülern und ihren Lehrern.

Und jetzt züchtet man Kohl und Kartoffeln und baut sie schulmeisterlich an, seufzte der Prälat. Der hoch gepriesene Fortschritt, dem menschliche Vernunft angeblich den Takt gibt, trägt den Geruch des Banalen in seinen Kleidern.

Von Cleß entzündete eine zweite Kerze und rückte sie neben die erste auf den Rand des Stehpultes. Er trat ans Bücherbord und wählte einen Band von Luthers Schriften, die vornean standen, um jederzeit griffbereit zu sein. Lateinische und deutsche Texte. Zurück am Stehpult schlug er zufällig die berühmte Schrift von 1520 ‚An den christlichen Adel deutscher Nation' auf und las den Anfang: „Die Zeit des Schweigens ist vergangen, und die Zeit zu reden ist gekommen…" So muss man einen Traktat, eine Rede oder Predigt beginnen, wenn man Gehör finden will, dachte der Prälat. Mit solchem Drang und Glockenklang! Und wie er das allgemeine und für viele so vorteilhafte Schweigen gebrochen und sich zu Wort gemeldet hatte, aufregend und unüberhörbar, dieser junge Luther! Eine Reproduktion des Holbeinschen Holzschnittes aus demselben Jahr 1520 hatte der Prälat diesem Lutherband beigelegt. Das monströse Bild vom *Hercules Germanicus*. Luther in der Pose eines wütenden Siegfried, mit schwerer Keule in der Faust, Hochstraten als Kreatur der verderbten Kirche beim Genick greifend, während der Heilige Thomas von Aquin und der für scholastisches Bewusstsein immerhin halbe Heilige Aristoteles bereits erledigt sind. Von Cleß lächelte und schüttelte den Kopf. Nein, so rabiat schätzte er's nicht, und selbst wenn man sich darauf verständigte, die Darstellung metaphorisch aufzufassen, blieb hinreichend Gewaltsames übrig. Und das entsprach nicht dem Christussinn, der doch in allem bestimmend sein sollte, auch und gerade in Angelegenheiten der Reformation und ihres feierlichen Gedenkens.

Auszuschließen war freilich nicht, dass ausgerechnet dem bekannten Holbein-Bild eine peinliche Renaissance bevorstehen mochte im großen Jubiläumsjahr 1817. Ein Hercules Germanicus Redivivus. Sie sagen Luther und meinen Blücher! Der Prälat pfiff durch die Zähne. Hatte nicht soeben das Deutsche herrlich über welsche Arroganz gesiegt, nachdem Napoleon Europas Länder mit Krieg überzogen hatte, viel zu lange und mit den besten Erfolgen? Die Dichter besangen jetzt deutsche Treue und deutschen Ruhm. Und weil politisch alles so hoffnungslos zersplittert war, lebte die Sehnsucht nach Idolen der Einheit auf. Lag es da nicht auf der Hand, an Luther zu denken? Luther zu feiern und im Luther das Deutsche und fürs Deutsche den Luther? Den Prälat kam ein Frösteln an, als er die Spur im Geiste verfolgte, die da gelegt und ausgezeichnet geeignet schien, dem anstehenden Fest einen allgemeinen Sinn und ein starkes Profil zu verleihen. Anzeichen, die in diese Richtung wiesen, hatte es längst gegeben. Wenn das Motiv vom Hercules Germanicus ins Zentrum rücken würde, dann hätten alle gewonnen, die von einer Reformation des Deutschen träumten. Doch eine Reformation der Kirche im Christusgeist musste elend ersticken daran.

Aus seinen Gedanken riss ihn eine Stimme vom Hof. Von Cleß sah hinaus und erkannte den Neffen, der fröhlich zu ihm hinaufwinkte und fragte, ob sein Besuch gelegen komme. „Warum nicht?", rief der Alte, „anständige Eremiten haben stets Gäste empfangen."

Bald saß man beieinander am Tisch, der Prälat in seinem geliebten Ohrensessel, der Neffe auf einem Stuhl daneben. Er war von hoch gewachsener, schlanker Statur, ein wenig fragil und jedenfalls nicht geschaffen für Muskelarbeit auf Feldern oder in Fabriken. Das Haupthaar floss ihm lang und üppig über den Rücken herab, sein Kinn zierte ein gestutztes Bärtchen, und in den Augen lagen die Wehmut und der Glanz des jugendlichen Träumers. Rudolf Schmidlin war der Liebling des Prälaten, ein Schwestersohn aus Stuttgart, zart und feinsinnig, wie seine Mutter auch gewesen war, und ausgestattet mit einer rührenden Anhänglichkeit an den Alten. Und dies keineswegs deshalb, weil sie in allen Dingen voll übereingestimmt hätten. Man tauschte Meinungen aus und rieb sich aneinander und war imstande, einen Genuss zu haben daran.

„Schön, dass ich zur Nacht bleiben kann", sagte Schmidlin.

„Das Bett steht bereit", erwiderte der Alte, „herrichten musst du's selber. Kissen und Decken liegen im Schrank. Und morgen wieder aufräumen, mein Lieber! Ich bin kein Gastwirt und hab auch kein Mädchen für den Haushalt. Ein junger Herr aus dem Stift, dem dort alles besorgt wird vom Schuhputz in der Früh bis zum Schoppen in der Nacht, könnt' sich zu lässig aufführen anderswo."

Schmidlin lachte: „Die Herzöge haben's nicht anders gewollt, und der König lässt's auch beim Bewährten."

„Wenigstens, was die Tübinger Sitten angeht", brummte der Prälat.

„Sonst schert er sich wenig um Güter von gestern. Der Friedrich besonders, der jetzt im Himmel verteidigen mag, was er leichtsinnig angestellt hat mit dem Reich Gottes in Württemberg. Ob der neue, der Wilhelm, viel günstiger ausschlägt, wird man beobachten müssen. Zweifel sind angebracht. Und der gute Uhland wird ja auch nicht müde, für das alte Recht im Lande zu kämpfen, das der Fortschritts-Friedrich gekippt hat von einem Tag auf den andern. Weil der Despot als Beschränkung empfindet, was gutes Recht seiner Bürger ist. Kennst den feinen Trinkspruch vom Uhland, der nicht bloß aufs Papier gedruckt in sein Gedichtebändchen gehört, sondern gesungen werden soll in den Gassen und Wirtshäusern, meinetwegen auch in den Kirchen:

,Wo je bei altem, guten Wein
Der Württemberger zecht,
Da soll der erste Trinkspruch sein:
Das alte, gute Recht!'"

„Euer Kloster hier in Denkendorf hat der König auch zugemacht", sagte Schmidlin.

„Zugemacht hat's der Friedrich, und großartig wieder aufgemacht hat's der Wilhelm und dann in seiner Weisheit dem Landwirtschaftlichen Verein übertragen. Der macht jetzt eine Pflanzschule für Kohlköpfe draus."

„Wenn's dem Volkswohl bekommt...", warf der Neffe ein. „Dass der Regent Maßnahmen ausprobiert gegen den Hunger, mag ich nicht beanstanden."

„Ich auch nicht", versetzte der Prälat, „und da sollte den Herrschaften in Stuttgart noch eine Menge mehr einfallen, um dem Mangel aufzuhelfen, weiß Gott! Aber wieso ein Kloster herhalten muss, um Äpfel und Birnen besser gedeihen zu lassen, das ist zu vertrackt für mein Prälatenhirn."

Sie schlürften vom Apfelmost, den der Alte in einer silbernen Kanne auf den Tisch gestellt hatte. Über ihnen schlug die Kirchenglocke die neunte Stunde.

„Kommst direkt von Tübingen herüber?", fragte der Prälat. Der Neffe bejahte. Er sei den Neckar abwärts gewandert, meist nah am ziehenden Wasser entlang. Und wie das Wasser vor den Augen, so zögen einem Gedanken durch den Kopf und Empfindungen durchs Herz. Man bewege sich in einem Garten, der einem vertraut erscheine wie von Kindertagen her und der in jedem Winkel Wunder an Schönheit hervorzaubere für den Betrachter. Ab und zu habe er sich einfach niedergelassen am Ufer. Und den sachten Wellen hinterdrein geschaut, die leise seien und so viel Zeit hätten und doch diesen langen Weg nähmen zum Rhein hinunter und bis ins Meer. Ob er die Ode kenne vom Hölderlin, seine vaterländische vom Neckar?

Der Prälat nickte und begann zu deklamieren:
,*In deinen Thälern wachte das Herz mir auf*
Zum Leben, deine Wellen umspielten mich,
Und all der holden Hügel, die dich
Wanderer! kennen, ist keiner fremd mir.'
„Ein waches Herz wie er besaß keiner sonst unter den Sternen", schwärmte Schmidlin, „aber es verdämmert ihm nun, dieses Herz. Mit seinem Leben ist er hinübergewechselt in eine andere Welt."

„Sahst du ihn in Tübingen?", wollte der Prälat wissen.

„Bisweilen", sagte der Neffe. „Vom Stift besuchen ihn manche in seinem Turm. Das ist schön, aber es tut auch weh. Der Dichter sitzt am Klavier oder läuft unruhig auf und ab im Raum wie ein gefangenes Wild hinter Gittern. Zur Begrüßung katzbuckelt er furchtbar und verheddert sich in sinnlosen Floskeln der Unterwürfigkeit. Man geniert sich, dabei zu sein. Möchte ihm zu Füßen sinken und einfach warten und lauschen, welche unsterblichen Verse aufblühen in seiner Seele und sich formen auf seiner Zunge. Manch einer ist kühn genug, ihn geradeheraus zu bitten darum. Dann kann er aufschauen, als tauche er plötzlich empor aus fernem Traumland, und sich an den Tisch setzen, einen Stift zur Hand nehmen und in kurzer Zeit eine Strophe niederschreiben."

„Allein um Hölderlins willen ist's ein Akt der Verächtlichkeit, dass man ein Schulhaus seiner Jugend zum Gewächshaus erniedrigt hat", knurrte der Alte.

Schmidlin ging nicht darauf ein. Ihm war bekannt, dass nahezu jeder Gegenstand, der im Gespräch mit seinem Onkel angeschnitten wurde, auf eine Klage über das schändliche Schicksal des Klosters hinauslief. Das war nun genug. Er gab der Unterhaltung deshalb eine neue Wendung und erzählte von Tübinger Theologie und von Tübinger Professoren, bei denen er das Kolleg besuchte. Der Alte nickte beiläufig, fragte nach und hakte sich endlich bei einem Punkt fest, der ihn zu interessieren schien.

„Der Professor Bahnmaier sei zuständig für die Organisation der Feierlichkeiten zum Reformationsjubiläum, sagtest du? Ist der denn der richtige?"

Schmidlin lachte: „Was erwartest du?"

Der Prälat massierte sein Kinn und dachte nach: „Vielleicht eine sehenswerte Versammlung, einen Kongress von Gelehrten, Vertretern aus allen Landen der Reformation, aus der nahen Schweiz, dem fernen Holland, aus Schweden, aus Schottland. So etwas wie ein evangelisches internationales Konzil. Die sollten herausfinden und dann auch kräftig proklamieren, warum es angezeigt sei, dem alten Luther Dank zu sagen über die Grenzen der Länder und Völker hinweg. Und Weite, geistige Weite müsste das haben. Und einen unwiderstehlichen Zug heraus aus allen verrotteten Kirchentümern!"

Der Neffe lächelte und schüttelte den Kopf: „Weit gefehlt, mein Lieber! Die Gleise sind bereits anders gestellt, und man wird sich ein bisschen im Kreise drehn und Altbackenes präsentieren, ganz nach bewährtem Muster. Der König, hört man, werde wieder eine Verordnung erlassen, wie die Feierlichkeiten zu begehen seien, nicht anders als es der Herzog vor hundert Jahren schon gehalten hat. Die Gottesdienste werden bestimmt, die Predigttexte, die offiziellen Traktate zu Luthers Würdigung. Lustbarkeiten, so heißt es, seien ausdrücklich unerwünscht. Wenn's bloß hinreichend steif und verzopft zugeht, scheint das Ziel der Festlichkeit beinahe schon erreicht. Die Tübinger überlegen immerhin, ob sie einen Fackelzug zur Stiftskirche hinauf veranstalten sollen am Abend des letzten Oktobertags, und da argwöhnt schon mancher, ob's nicht der Schaustellerei zu viel würde. Dem König wird's einerlei sein, der will bloß seine Ruhe und die öffentliche Ordnung gewahrt sehen und verlangt Respekt zwischen den Konfessionen. Bloß keine lutherische Polemik gegen den braven Katholizismus! Wo der König doch besorgt sein muss, sein gebietserweitertes Ländle und sein Volk möglichst einträchtig beieinanderzuhalten. Die neu-württembergischen Landschaften um Ellwangen herum und drunten im Allgäu, die er dem herrlichen Napoleon verdankt, sind ja nun durch und durch römisch eingefärbt. Und da bereitet's schon ein gewisses königliches Bauchweh, einem Reformationsfest entgegensehen zu müssen, das imstand wäre, protestantisches Selbstbewusstsein auszu-strahlen."

„Wirst du wenigstens beim Fackelzug mitmarschieren in Tübin-gen?" fragte der Prälat.

„Gewiss nicht", erwiderte der Neffe. „Ich werde gar nicht da sein. Nicht in Tübingen und auch nicht im Lande."

„Ach!" staunte von Cleß, „und weswegen?"

„Ich werde verreisen", strahlte der Student, „nach Thüringen und Eisenach und auf die Wartburg. Wirklich und wahrhaftig an die Stätte des reformatorischen Luther. Und ich werde es auch nicht allein tun. Die Jenaer Burschenschaft hat eingeladen zum Fest auf der Wartburg, das ging an alle evangelischen Universitäten, und es soll eine große Versammlung der deutschen Jugend werden im Geist und in der Hei-mat Luthers. Eine Versammlung wie ein protestantisches Konzil, von dem du träumst, lieber Onkel, und mit einem Programm, das Weite hat und in die Zukunft führt."

Der Prälat schaute skeptisch und schwieg. Er war ziemlich sicher, mit seiner vorgetragenen Konzilsidee eine etwas andere Vorstellung zu verbinden als die, der die Neffe ihm voll Begeisterung präsentierte.

„Und ihr wollt reisen als Gruppe aus dem Stift?", fragte er nach.

„Als Delegation unserer Burschenschaft ‚Teutonia'", korrigierte Schmidlin. „Da bringen wir das Deutsche schon im Namen ein. Es wird sich was bewegen, lieber Onkel, und zwar von unten, nicht von oben. Aus den Nährböden des Volks wird aufwachsen, was dem Land neue Kräfte verleiht. Und die auf den Thronen sitzen, sollen sich wun-dern. Sie haben ihr Spiel getrieben untereinander, mal verbündet, mal entzweit, und aufs Volk haben sie gleichgültig hinuntergeschaut und es geknebelt und gemolken und massenhaft in ihren Kriegen abge-schlachtet. Dass es überhaupt ein Volk sei, ist ihnen nie in den Sinn ge-kommen. Untertanen waren's, weiter nichts. Material in ihren Ränken um Macht und Machtgewinn. Doch dabei bleibt's nicht, sag ich dir. Ein Frühlingserwachen zieht durchs Land. Als die Freikorps gegen Napoleon aufbegehrten und die welsche Bande über den Rhein zurückschlugen, keimte etwas, das neu war in deutschen Herzen. Das Gefühl, nicht Opfer einer fremden Geschichte, sondern Gestalter der eigenen zu sein. Der siegreiche Kampf über die Fremdherrschaft riss den Himmel auf über den Häuptern und die Ketten von den Füßen. Freiheit und Ehre und Vaterland! Endlich können die Säfte steigen, die in unseren Wurzeln schliefen. Endlich! Und wunderbare Ahnungen finden Raum in unseren Herzen. Französischen Zweifelsinn können wir ausscheiden. Und schöpfen stattdessen aus Brunnen, die rein sind und unverbraucht. Die köstlichsten Quellen werden das Land bewässern, und die alten Grenzen der Fürstentümer werden sie nicht aufhalten. Denn alles fließt zusammen und formt sich zur lebendigen Einheit, die nicht von außen verordnet, sondern von innen geboren ist: das einige Volk der Deutschen.«

Der Prälat war ein wenig eingesunken in seinem Ohrensessel und hatte derart gefesselt zugehört, dass ihm die Pfeife erloschen war. Er schaute seinen Neffen lange an und sagte endlich: »Wusste gar nicht, dass du ein rechter Hitzkopf werden kannst! Ob euch Tübinger ,Teutonia' dir diese heißen Dämpfe eingeblasen hat?« – Und dann, schon wieder einlenkend und väterlich: »Mir ist ja gar nicht zuwider, dass es Visionen gibt, verstehst du, und dass du selber welche pflegst. Aber müssen es grad solche sein? Die starken Herrschaften auf den Thronen werden auch nicht gerade entzückt sein, wenn euer Geplärr zu ihren Ohren dringt. Vielleicht schon bei eurem Fest auf der Wartburg.«

Der Student nickte kräftig und war überhaupt nicht gebremst in seinem Eifer: »Gewiss werden sie ein bisschen jaulen und sich das Fell kratzen wie Köter, die der Floh gezwickt hat. Sollen sie ja auch! Was die Herrschaften nicht juckt, gewinnt nicht die Kraft zur Erneuerung.«

»Sie selber verstehen sich als Hüter des Christentums«, warf der Prälat ein.

»O ja«, gab der Student zurück. »Die Heilige Allianz! Aber was für ein Christentum soll die eigentlich verteidigen? Und gegen wen? Ist es nicht das Christentum des Grafen Metternich, der die Dreieinigkeit aus russischem Zar, preußischem König und dem Habsburger Reich zusammenschmiedet – und zwar gegen die Völker, die im Schatten ihrer Paläste lagern und gegen deren Freiheitsdurst? Sie hüllen das Ganze in einen religiösen Mantel und erklären, die Allianz vereinige wunderbar die drei Gestalten des Christentums: Der Zar stehe fürs Orthodoxe, Habsburg fürs Katholische, der Preuße fürs Protestantische. Großartig! Endlich vereinigtes Christentum – und glücklich zustandegebracht in Hinterzimmern beim Wiener Kongress. Wenn du aufrichtig bist, lieber Onkel, ödet es dich nicht weniger an als uns Junge."

Nun musste der Alte doch schmunzeln und nahm sich Zeit, seine Pfeife aufs Neue in Gang zu setzen: „Ein Etikettenschwindel ist's, den man da mit dem Christlichen treibt, das ist wahr", hob er bedächtig an, „passiert ja auch nicht zum ersten Mal. Die Religion als bewährter Kitt, der zusammenhalten soll, was auseinander fallen will. Die Großen in Berlin und Wien und in Moskau sehen die Wasserstände steigen von unten und wollen doch selber obenauf schwimmen, wie sie's immer gemacht haben. Da sind Ideen gefragt. Mittel, die Wasser zu bändigen und die Massen zu beruhigen. Und schon besinnt man sich aufs alte Christentum und träufelt's allem Volk auf die herausgestreckte Zunge. Das ganz sichere und probate Beruhigungsmittel. Bloß, dass es sich um eine eklige Komödie handelt, um einen Taschenspielertrick, der mit dem echten Christentum nun aber gar nichts zu schaffen hat."

„Großartig, Onkel!", rief der Neffe begeistert, „genau so verhält sich's, und es wird Zeit, dass den vermeintlichen Hütern des Christentums die verlogene Maske heruntergerissen wird. Und verstehst du: Genau das soll in Angriff genommen werden auf der Wartburg. Wo Luther sich verstecken musste vor den Fürsten und wo er seine Bibel verdeutscht und mit dieser Bibel die deutsche Sprache und Nation überhaupt aus der Taufe gehoben hat, – dort soll die Fahne gehisst werden für die Wahrheit des vaterländischen Christentums. Und ich bin stolz, dabei zu sein. Bei einer Jubelfeier zur Reformation, die den Namen verdient."

„Mir ist nicht recht wohl dabei, verzeih mir", brummte der Prälat. „Vielleicht bin ich zu alt für die Bocksprünge der Jungen und komme einfach nicht hinterher. Jedenfalls, ob ihr dem braven Luther und seiner Reformation gerecht werdet auf der Wartburg, – ich weiß nicht. Mit Schwärmern dieser und jener Couleur hatte er seine liebe Not, bekanntlich. Aber ein Fürstenknecht, wie manche boshaft behaupten, war er doch auch nicht."

„Wir müssen begreifen, dass er angefangen hat, seinen lieben Deutschen die Herzen aufzuschließen", sagte der Student feierlich. „Wir sind Schwaben und Franken und Preußen und Sachsen, aber in erster Linie und in der tieferen Bedeutung unseres Wesens sind wir Deutsche und, lieber Onkel, noch ist's nicht heraus, was wir einmal sein werden."

„Erster Johannesbrief drei, Vers zwei", kommentierte der Alte trocken. „Am flexiblen Umgang mit dem Wort fehlt dir's nicht, mein Freund. Wirst du die Delegation der ‚Teutonia' anführen nach Eisenach?"

„Nein", sagte Schmidlin, „nicht ich. Das wird der Kommilitone Karl Ludwig Sand sein. Auch einer aus dem Stift. Und einer mit Feuer im Leib, da bin ich ein kümmerliches Kerzenlicht dagegen."

„Dann wird man von euch noch Verschiedenes hören", meinte der Prälat. „Und von diesem Sand insbesondere. Du wirst mich aufsuchen in meiner Klosterzelle, wenn du zurück bist von eurem Volksstück auf der Wartburg, versprochen?"

„Versprochen", sagte der Student.

Der Fußweg zum Erlachsee war nicht weit. Oberhalb des Klosters führte er sacht auf die Höhe, durchquerte die Äcker bis zu dem Weiher, der von Buschwerk und niederem Gehölz umstanden war. Der alte von Cleß nahm gern den Weg dorthin, meist in der Frühe, wenn die eifrigsten Bauern die Ochsen einschirrten und aufbrachen zur Feldarbeit. Am Morgen nach dem Neffenbesuch hielt er's nicht anders. Der junge Mann war vor Tag aus den Federn gekrochen, hatte einen Brotkanten in seinem Ranzen versenkt und war mit Dankesgrüßen davongeeilt. Nach Ulm, wie er angab. Einen Freund zu besuchen, der vielleicht mitziehen werde auf ihrer Pilgerfahrt nach Eisenach.

Dem Alten war die Sache mit dem Wartburgfest der Burschenschaften nicht aus dem Kopf gegangen die ganze Nacht. Er hatte sich gewälzt auf seinem Lager und gegrübelt, ob das Vorhaben der jungen Leute zu begrüßen oder zu verwerfen war. Schmidlins flammende Begeisterung hatte ihm gefallen, sicher. Seine Entschiedenheit. Diese jugendliche Kraft, die nicht achselzuckend hinnimmt, was ihr vorgesetzt wird, sondern sich erhebt und aufbricht zu neuen Ufern. Doch was für Ufer waren das, die von den Studenten angesteuert wurden? Hatten sie wirklich mit den Anliegen des verehrten Luther zu tun? Oder stand es jeder Geschichtszeit frei, sich ein Bild von der Reformation zu malen, in dem sie selbst sich spiegeln konnte und das ihr weiterhalf?

Der Morgen ist zu leicht, um schweren Gedanken nachzuhängen, dachte der Prälat auf seinem Weg. Er ging bedächtig und setzte seinen Wanderstock in rhythmischer Folge auf den Boden. Im Osten war die Sonne über dem Albtrauf emporgestiegen. Sie würde Wärme schicken in die Früchte auf den Obstwiesen. Und ehe man sich's versah, streute schon der November ersten Reif über die verfärbten Blätter, und eine große Stille ringsum ließ die Kälte und die langen Nächte des Winters ahnen.

Gott sei Dank ist's noch Zeit bis dahin, dachte der Prälat. Eine Schonfrist bleibt uns gewährt einstweilen. Wo wir den Hut im Schrank und den Mantel auf dem Haken lassen können und eine Lust empfinden bei der Wanderung ins Grüne. Auch wenn man kein Brentano oder Arnim ist. ‚Des Knaben Wunderhorn' kannten und liebten alle, auch er selbst natürlich, mit diesen Liedern, die aus den Mauern der Städte und Häuser heraus und in die freie Natur hineinlockten. Und immer plätscherte ein Bächlein irgendwo, und die Vögel zwitscherten in den Zweigen, und ein Mägdelein wartete im verschwiegenen Winkel und ließ sich besingen vom fröhlichen Wandersmann, der seine Zupfgeige allemal bei sich trug. Der Alte lächelte vor sich hin. Auch das ist Geist und Gesinnung der heutigen Jugend, dachte er, und mein Neffe spürt's kräftig in sich. Wie hatte der Uhland geschrieben, der Advokat in Stuttgart, der auch diese andere Ader in sich hatte, die poetische: „Nun so lasst uns Schwärmer heißen und gläubig eingehen in das große romantische Wunderreich, wo das Göttliche in tausend verklärten Gestalten umherwandelt..."

Ob es tatsächlich das Göttliche war, das da umherwandeln sollte in den vielfältigen Erscheinungen der Natur, das mochte der Prälat nicht entscheiden. Der Luther jedenfalls hätte es nicht so gesagt, mit Sicherheit. Der hätte eher drauf bestanden, dass es lohnend sei, in den klaren Büchern der Bibel zu lesen und nicht in geheimnisvollen Büchern der Natur. Nicht bloß ein Arnim und ein Uhland; auch die Wartburgpilger dürften sich ungern erinnern lassen daran.

Den Saum des Wäldchens, das den Erlachsee umstellte, hatte der Alte inzwischen erreicht. Er verschnaufte und reckte sich. Kramte in seiner Rocktasche und bedauerte, die geliebte Pfeife auf dem Küchentisch vergessen zu haben. Durch die Bäume trat er an den Rand des Sees. Drei Stockenten ruderten zum Schilf hinüber, merkwürdig, immer sind drei beieinander, nicht zwei, wie vernünftigerweise zu erwarten wäre! Früher hatte der See dem Kloster als lebenswichtiger Speicher fürs Wasser gedient, und es gab einen Abfluss, dessen Rinnsal zum Klosterbereich führte. Davon wurde auch der interne Teich gespeist. Die Chorherren hatten vor Jahrhunderten die gesamte Anlage geschaffen und im Erlachsee ihre Fischgründe gehegt. Einzelne Fische gab's immer noch, aber die Zucht war längst eingestellt worden.

Der Alte wandte sich nach links, um auf einem umgestürzten Baumstamm auszuruhen. Als er eintraf, fand er den Platz besetzt. Ein Mann aus dem Dorf saß dort mit einem Buchenzweig in der Hand, mit dem er Mücken und Wespen beiseite wedelte. Vor ihm auf dem Boden lag eine Krücke im Gras.

„Grüß Gott, Meister Fetzer", sagte der Prälat vergnügt, als er auf den Sitzenden zutrat. „Ist's erlaubt, ein wenig Platz zu nehmen?"

Der Angeredete schaute kurz auf und rückte einladend zur Seite: „Wenn's beliebt, Herr Prälat."

Sie richteten gemeinsam ihre Blicke aufs Wasser. Die Enten hatten sich im Schilf versteckt, nur ein einsames Perlhuhn träumte am Ufer.

„Jetzt ist fast alles stumm und tot hier oben", sagte Fetzer. „Dafür quirlt es kräftig herum im Frühjahr. Dann rasten die Zugvögel im Gebüsch, und die Frösche lärmen, und manchmal finden sich sogar Kraniche ein."

„Auch der Herbst hat seinen Reiz, finde ich", bemerkte der Prälat.

„Die Ruhe, ja", bestätigte der Mann aus dem Dorf, „und ein Frieden, der ein wenig tückisch und hinterhältig ist. Den mag ich nicht besonders. Zumal er den November ankündigt, wo ich das verdammte Reißen kriege in den Gliedern." Der Mann stampfte mit geballten Fäusten auf seine Schenkel.

„Das habt Ihr heimgebracht vom Krieg", sagte der Alte, „die Verwundung am Bein, die Euch behindert und die keine Ruhe gibt." Er kannte den Mann flüchtig, hatte aber noch nie ausführlich geredet mit ihm. Jakob Fetzer hieß er, gelernter Zimmermann war er gewesen. Aber dazu taugte er nicht mehr. Auf die Leiter steigen und hoch hinauf aufs Dach, das ging nicht mit amputiertem Unterschenkel. Auf Krücken geht niemand dem Geschäft des Zimmermanns nach.

Genau genommen hatte Fetzer es freilich auch vor seiner schweren Verletzung nicht getan. Er war als junger Bursche bereits in den Krieg geworfen worden, bald nach Anordnung einer allgemeinen Wehrpflicht im Jahre 1806. Da wurde der Rheinbund gegründet, die Confédération du Rhin, deren Vertrag in Talleyrands Wohnung in Paris feierlich unterzeichnet wurde von Abgeordneten aus Württemberg, Bayern und Baden. Er machte die Süddeutschen zu Militärvasallen Napoleons. Den deutschen Rheinbundfürsten wurden im Innern Souveränitätsrechte garantiert, dafür mussten sie Truppen abstellen fürs Heer und für die Kriegszüge des Korsen. Friedrich I. wurde zum König ernannt in Württemberg und durfte gleich anschließend zwölftausend Soldaten für Frankreichs Eroberungspläne bereitstellen. Und die mussten erst einmal ausgehoben und geschult werden. Beim Zugriff auf die jungen Männer verfuhr man nicht zimperlich. Wer das Alter hatte und einigermaßen die Statur besaß und ledig war und zuletzt sogar ein wenig liebäugelte mit Abenteuern in der Fremde, der war schnell erfasst und auf einen Marsch gesetzt, bei dem er das Ziel nicht wusste und keine Gewähr auf unversehrte Rückkehr hatte.

„Ja, zuletzt in Frankreich hat mich eine Granate erwischt", sagte Fetzer. „Beim vierten Kriegszug, den ich mitgemacht habe."

„Dem vierten?", tat der Alte ungläubig.

„1809 der erste, 1815 der letzte", zählte Fetzer auf. „Zweimal mit

Napoleon, zweimal gegen ihn."

Der Prälat sah ihn verwundert an: „Da habt Ihr die Seiten wechseln müssen, wie man einen Rock wendet."

„So ungefähr", brummte Fetzer.

„Und das Herz?" fragte der Alte nach, „auf welcher Seite war das dabei?"

Der Invalide lachte kurz und verächtlich und schnäuzte umständlich in sein Sacktuch. „Das Herz", sagte er mit Betonung, „das Herz war nicht hier und auch nicht dort dabei, wenn Ihr versteht, was ich meine. Du musst es umbringen und begraben in dir, willst du nicht umgebracht werden vom Krieg. Du wirst eine Maschine, weiter nichts. Du funktionierst oder du purzelst in den Graben. Gefühle sind gefährlicher als die Munition der Feinde. Nur wenn dir alles egal ist, hast du eine Chance davonzukommen."

So viel Zynismus war dem Alten nicht untergekommen bisher. Eine Bitterkeit – als Mittel zum Überleben.

„Aber kein Mensch kann kämpfen, ohne daran zu glauben, wofür er kämpft", wandte er ein.

Fetzer hob seine Krücke vom Boden auf und stützte sich darauf. Den Prälaten sah er eindringlich von der Seite an. „Man kann nur kämpfen, ohne zu glauben", sagte er düster. „Sonst ist man geliefert. Oder erschwert sich die Sache, dass sie ganz unerträglich wird. Und schwer erträglich ist sie sowieso schon."

Der Alte hatte das Gefühl, neben einer menschlichen Ruine zu sitzen und durch leere Fenster und hohle Gänge zu schauen. Das amputierte Bein war ein äußeres Merkmal. Aber das anscheinend erloschene Herz und die amputierten Gefühle bildeten den entsetzlicheren Teil. Er dachte an seinen Neffen, und ein Vergleich drängte sich auf mit dem Kriegsveteranen, der doch kaum ein Jahrzehnt älter war. Und wie nun: War jener ein Kind der Illusionen und dieser ein Opfer der Realitäten? Entschieden am Ende doch immer die Waffen und die stumpfsinnigen Pokerrunden um die Macht? Wer hohe Ziele verfolgte, der konnte tief fallen, das war ein Gesetz. Aber sollte die Lösung darin bestehen, die hohen Ziele preiszugeben und alle Leidenschaft und allen Glauben abzuwürgen in der eigenen Seele?

„War es denn unerträglich von Anfang an?", fragte der Prälat, um das Gespräch neu in Gang zu bringen.

„Nein, am Anfang nicht", erklärte Fetzer. „Am Anfang war der Unverstand. Die Ahnungslosigkeit, wohin man da getrieben wurde. Eine gewisse Neugier auch. Man warf sich in die Brust – mit diesem Uniformrock auf dem Leib. Und fühlte sich stark mit der Waffe über der Schulter. Und dann raus aus dem Nest, diesem Denkendorf, und raus aus dem kleinen Württemberg. Mit einem zogen Burschen, die aus demselben Flecken kamen, aus Häusern in der Nachbarschaft, da schien man nicht mal auf sich allein gestellt. Dass man für Frankreich marschierte, war Nebensache. Das zählte im Grunde nicht und bewegte auch keinem das Gemüt. Auf Befehl ging's los gegen Österreich, das war 1809, ein Ausflug beinah, mit geringfügigen Schlappen."

„Doch es blieb nicht bei Ausflügen", warf der Alte ein.

„Weiß Gott nicht!", rief Fetzer. „Eine Schinderei war's, als es mit württembergischen Verbänden 1814 über den Rhein ging gegen Napoleon, unter der Führung des Kronprinzen. Da war ich gerad ein paar Wochen zurück aus Russland, vom Feldzug Napoleons gegen Moskau und von dessen Folgen. Und das war das Schlimmste."

Er kam ins Erzählen, und der Alte war ein aufmerksamer Zuhörer.

„Mulmig war's uns bereits beim Abmarsch im März 1812. Nach Russland! Mitten hinein ins Riesenreich des Zaren. Wir wussten kaum was von diesem Land und seinen Menschen, aber dass es eisige Winter gab und endlose Strecken, das wussten wir. Aus Württemberg waren weit über zehntausend Mann dabei, weniger als tausend sind zurückgekommen. Aus unserem Denkendorf zogen zwölf Kameraden mit. Nur ich hab's überlebt!"

Er machte eine Pause und schluckte. Ganz abgestorben kann ihm das Herz nicht sein in seinem geschundenen Körper, dachte der Prälat. Wenn ihm jetzt noch Tränen kommen, weiß ich, dass er am Leben ist.

„Unsere Ausrüstung war schäbig", fuhr Fetzer fort, „leichtes Marschgepäck. Nichts für russische Fröste. Und ob unsere Stiefel die langen Wege durchhalten möchten, war zweifelhaft. Manche munkelten schon vom Todeszug. Als wir Polen durchquerten, hatten wir noch nicht gekämpft und waren doch schon dezimiert. Der Hunger ging um, und der Typhus schnappte sich die Schwächsten. Im Juni standen wir bei Wilna, plünderten und lagerten, um Kräfte zu sammeln vor der schwersten Etappe. Im Juli kamen wir voran nach Witebsk, dann Richtung Smolensk. Dort trat uns eine russische Front entgegen Mitte August. Stellungskrieg, drei Tage lang. Mit großen Verlusten auf beiden Seiten. Und zum ersten Mal lag mir ein Kamerad aus Denkendorf in den Armen, dem das ganze Gesicht weggerissen war. Grässlich! Das Bild bleibt einem eingebrannt.

Am vierten Morgen krochen wir ungläubig aus den Decken. Es war still auf der Gegenseite, und bald wurde klar: Die Russen waren abgezogen in der Nacht. Heimlich und auf leisen Sohlen. Das war ihre Taktik, die uns nun erstmals vorgeführt wurde. Nadelstiche setzen und zurückweichen. Anfang September bei Borodino war's wieder der Fall. Eine stundenlange Schlächterei, zehntausende Tote auf beiden Seiten, und plötzlich, als ob ein Nebel sich verzogen hätte, war der Weg wieder frei Richtung Moskau.

Aber zugesetzt wurde uns trotzdem. Russische Dörfer, die wir passierten, waren menschenleer. Und nicht allein das. Auch die Ställe waren ausgeräumt. Keine dürre Ziege zeigte sich, geschweige denn eine Kuh. Wir waren längst dazu übergegangen, die Pferde zu verzehren, die uns unterwegs krepierten. Und schoben trotzdem Hunger jeden Tag. Brunnen, bei denen wir Wasser schöpfen wollten, waren zugeschüttet oder erwiesen sich als verkotet und unbrauchbar. Die allgemeine Stimmung sank und bei vielen lagen die Nerven blank.

In dieser Verfassung erreichten wir ein entlegenes Dorf und durchstöberten wie gewohnt die Häuser und Ställe. Wir waren ein kleiner Trupp von Württembergern auf der linken Flanke. Ausgehungert und verbiestert und darum angenehm wie die Wilden. Fensterscheiben ließen wir klirren, die Türen brachen wir auf, zerschlugen Möbel und das Geschirr in den Schränken. Nahrhaftes fanden wir nicht. Die Ställe waren geräumt und manchmal geputzt wie zum Hohn. Eine kleine Kirche setzten wir in Brand.

Und dann drangen wir ein in ein unscheinbares Haus am Ortsrand.

Es war gegen Abend, und wir trugen Fackeln. Als einer bereits Feuer legen wollte in der Küche, rief ein anderer überrascht: Da ist jemand! – Wir liefen zu mehreren hin und entdeckten eine alte Frau, die auf dem Boden kniete. Eine Bäuerin mit einem farbigen Stricktuch über dem Kopf. Sie hatte uns den Rücken zugekehrt und den rechten Arm um ein Mädchen geschlungen, das ängstlich über die Schulter zu uns hinübersah. Wir redeten nichts, weil die Alte uns doch nicht verstanden hätte. Sie kauerte da auf einem Teppich und schien völlig versunken im Gebet und rührte sich nicht. Als ob wir gar nicht anwesend wären und eine Bedrohung darstellten. An der Wand lehnte ein Bild, brennende Kerzen zu beiden Seiten. Ein frommes Bild anscheinend. Ein Mann mit ernstem, ruhigen Gesicht und einem Strahlenkranz darüber, der golden glänzte."

„Eine Ikone", murmelte der Prälat.

„Mag sein, ich weiß nicht", sagte Fetzer. „Jedenfalls – wir fingen an, uns zu ärgern über die Alte. Sie tat, als wären wir Luft für sie. Als ich näher trat, merkte ich, dass ihre Augen geschlossen waren und ihre Lippen sich leicht bewegten beim stummen Gebet. Da trat ihr ein Kamerad mit seinem Stiefel in den Rücken, dass sie nach vorn kippte und mit der Stirn auf das goldene Bild schlug. Es zerbrach und lag in Scherben. Die Frau trug eine Schnittwunde davon, die heftig blutete. Sie sah mich an mit einem Blick, den ich nicht vergesse. Eine Mischung aus Verachtung und Mitleid lag darin. Aus einer verborgenen Falte ihres Umhangs holte sie ein kleines holzgeschnitztes Kruzifix hervor und hielt es uns beschwörend entgegen. Das sah aus, als hätte sie die Absicht, böse Geister auszutreiben. ‚Solch Zeug verfängt nicht bei uns', lachte einer der Soldaten, ‚wir sind Württemberger und evangelisch, da pfeifen wir auf deinen abergläubischen Firlefanz!'"

Fetzer unterbrach seine Erzählung. Es war, als warte er auf eine Bemerkung des Prälaten. Der saß wie versteinert und faltete seine Hände im Schoß.

„Württemberger und evangelisch", wiederholte er bedächtig. „Das will was heißen – oder nicht? Da hat man seinen Katechismus gelernt, den vom Luther und vom Brenz, meine ich, nicht den Katechismus vom Kriegführen und Mordbrennen."

Fetzer schnaufte heftig und kratzte sich den kurz geschorenen Schädel. „Es ist leicht, die Gebote aufzuzählen, wenn du friedlich in der Kirchenbank sitzt", presste er hervor, „aber wenn du Woche um Woche, Monat um Monat herumwühlst im Dreck und der Tod dich angrinst, weil er dein treuster Begleiter ist, dann vergisst du viel. Ob ein Prälat das begreifen kann oder nicht, es ist so. Man weiß noch, dass man mal konfirmiert wurde und evangelisch ist und dass es einen Luther gegeben hat, der irgendwie wichtig war. Sogar sein Bild hing daheim in der Wohnstube und vielleicht auch im Kloster, der Kanzel gegenüber, ich erinnere mich nicht. Aber dann siehst du weit im entfernten Russland dieses Heiligenbild, das zerbrochen am Boden liegt, und denkst: Es ist recht so. Heiligenbilder sind Götzendienst. Das hast du noch im Kopf, einen kümmerlichen Rest von deiner schönen evangelischen Erziehung. Und dann stehst du dabei und lässt es geschehen, dass die Kameraden die alte Frau verprügeln und sie an den Haaren aus ihrem Andachtsraum zerren, hinaus auf den Hof. Und wunderst dich bloß, dass sie nicht schreit. Und als du merkst, dass sie nicht schreit, weil sie einfach ganz stumm und taub ist und das Kind an sich drückt, als könne sie's schützen mit ihrem armen Leib, da meldet sich auf einmal was in dir, womit du überhaupt nicht gerechnet hast, etwas wie die Stimme deiner Mutter, die dich bittet. Und dann schreitest du ein und trittst die Kameraden beiseite und hebst die blutende Alte mit dem verschreckten Kind vom Boden auf, führst sie unter dem verständnislosen Gaffen der anderen zurück ins Haus und schließt die Tür sacht von außen."

„Danke", sagte der Prälat, „da war nun doch noch was übrig vom Evangelischen in Euch."

„Die Sache ist noch nicht zu Ende erzählt", winkte Fetzer ab. „Den Rest müsst Ihr nun auch noch anhören.

Die Kolonne zog also weiter, Tag um Tag. Man machte Boden gut auf dem Weg durch ein Reich ohne Ende. Keiner wagte, daran zu denken, wie weit es zurück sein musste in die Heimat. Napoleon wollte nach Moskau, und das Heer schleppte sich voran. Endlich erschienen in der Ferne Türme und goldene Kuppeln. Wir meinten, das Ziel erreicht zu haben, aber erreicht war doch nur das Ende. Ihr kennt die Geschichte. Am 14. September ging uns auf, dass Moskau verödet war. Eine Geisterstadt. Am 15. September brachen Feuer aus in verschiedenen Quartieren. Die Feuerwehrspritzen lagerten zerstört in ihren Unterständen. Am 16. September loderten die Flammen über der ganzen Stadt empor. Keine militärische Gegenwehr machte uns zu schaffen, aber die verflixte Sabotage zehrte an den Kräften. Die ganze Armee war deprimiert, und Napoleon selber war's auch. Er hatte den Kriegszug verloren, ohne vom Feind im Felde geschlagen zu sein. Was blieb, war der Rückzug. Und zwar möglichst rasch, weil der Herbst sich über Nacht in einen mörderischen Winter verkehren konnte. Und dafür waren wir nicht gerüstet. Als der Befehl zum Umkehren ausgegeben war, dachte jeder daran, seine Haut zu retten. Von geordnetem Rückzug konnte kaum die Rede sein. Es gab Marschkolonnen, die in eigener Regie unterwegs waren. Das Ganze bewegte sich am Rande der Auflösung, unsere württembergische Einheit bildete die Nachhut.

Ja, und nach Tagen landete ich mit meinem Trupp genau in dem Dorf, wo wir auf die stumme Frau mit dem verängstigten Kind gestoßen waren. Ich erkannte die Häuser gleich wieder. Durch Zufall hatte es uns dorthin verschlagen, wenn es Zufälle gibt, das wisst Ihr besser als ich, Herr Prälat. Das Dorf war nicht entvölkert wie bei unserem ersten Einmarsch. Ganz im Gegenteil. Von verschiedenen Stellen aus wurde das Feuer eröffnet auf uns, besonders heftig aus den Resten der Kirche, die wir niedergebrannt hatten. Wir waren ein kleiner Verband und sahen uns umstellt. Wir feuerten zurück, was die Rohre hergaben, aber es fand sich keine Deckung. Jeder Verschlag, hinter dem man sich verkriechen wollte, erwies sich als besetzt und spie Kugeln gegen uns. Viele Kameraden blieben auf der Strecke, viele nahmen Reißaus. Ich musste – gibt's Zufälle, Herr Prälat? – bei meiner Verteidigung unmittelbar in die Nähe des Hauses geraten sein, von dem ich gesprochen habe. Aber ich merkte es nicht in meiner Panik. Was ich merkte, war, dass plötzlich eine Tür aufgerissen wurde und eine Hand kräftig an meinem Arm zog. Ich gab nach und fand mich wieder im Flur der Alten mit dem Heiligenbild. Den Gewehrlauf hielt ich ihr drohend vor den

Leib, weil ich mit einem hinterhältigen Angriff rechnete. Aber die Alte dachte nicht daran. Sie schob meine Waffe zur Seite und fasste mich bei der Hand, wie eine Mutter ihr verstörtes Kind bei der Hand nimmt. Und ich konnte es einfach geschehen lassen."

Fetzer unterbrach seine Erzählung und blickte über die Baumkronen zu den Wolken hinauf. Also doch noch Tränen, dachte der Prälat. Er legte seine Hand auf das versehrte Bein des Zimmermanns und wartete. Fetzer räusperte sich mehrmals und fuhr fort: „Sie hat mich versteckt in einer Bodenkammer und mit Brot und Milch versorgt. Mich, einen Feind, der gewaltsam eingedrungen war in ihr Dorf, in ihr Land, ihr eigenes Haus. Einen Deutschen! Der mitgemacht hatte, als man ihren kleinen Altar zerstört hatte mit dem Bild und den Kerzen. Ein Barbar und ein Gottloser, der unschuldige Menschen schindet. Ohne Ehrfurcht im Leib vor heiligen Dingen."

„Anscheinend hat sie noch anderes wahrgenommen bei Euch", sagte der Alte. „Und das hat ihr genügt. Das hat sogar ihr Herz gerührt, denn es war bestimmt gefährlich für sie, einem feindlichen Soldaten Unterschlupf zu gewähren."

„Ich weiß nicht mal, wie sie heißt", sagte Fetzer und strich nachdenklich mit der flachen Hand über seine Schenkel. „Und wie es ihr ergangen ist nachher, als sie mir zur Flucht verholfen hatte in der Nacht. Die Schießereien waren längst eingestellt worden und nach fröhlichem Lärm und Triumphgesängen der Sieger hatte sich das Dorf beruhigt. Durch eine Hintertür konnte ich ins Freie schlüpfen, und die Alte erklärte mir gestenreich, welche Richtung mein Trupp genommen haben musste. Im Dunkeln rannte ich um mein Leben und erreichte tatsächlich die Kameraden, die ihr Lager in einem Waldstück aufgeschlagen hatten. Dann setzte Schneefall ein, und es wurde kälter. Wir waren lauter Württemberger, ein versprengter Haufen der Nachhut. Viel Hoffnung, nach Ostpreußen und weiter nach Westen durchzukommen, hatten wir nicht. Wir froren, hungerten und waren erschöpft. Bei Wilna gerieten wir in einen Hinterhalt der Russen. Aber wir wurden nicht niedergemacht, sondern gefangen genommen. Mehrere hundert Mann, aus Göppingen und Heidenheim und Ludwigsburg und Heilbronn. Alles Landsleute. Dass wir gefasst und abtransportiert wurden in ein Lager der Russen, war unser Glück. Wir wurden nicht gehätschelt, aber wir blieben am Leben. Im Sommer 1814 hat man uns wieder auf freien Fuß gesetzt und nach Hause geschickt. Dort kam ich an, todmüde und wie noch einmal geboren. Und kurioserweise rechtzeitig, um aufs Neue rekrutiert zu werden für den nächsten Feldzug, diesmal nach Westen und gegen Napoleon."

Er lachte. Es war ein glucksendes Lachen, das sich nicht im Mienenspiel zeigte, aber seine Achseln hüpfen ließ. Von Cleß dachte, es könnte ebenso ein Schluchzen sein. Er ließ dem Erzähler Zeit und bewegte sich nicht auf seinem Platz.

„Warum hab ich das alles erzählt?", begann Fetzer nach einer Weile, „ich mache es sonst nie und wollte Euch nicht belästigen mit meiner Geschichte."

Der Alte winkte ab: „Von Belästigung keine Spur, mein Lieber. Gespannt habe ich zugehört und gelernt habe ich dabei."

„Gelernt?", fragte Fetzer erstaunt.

„Gelernt zum Beispiel", sagte der Alte, „dass in einem Haudegen mehr und anderes stecken kann, als man vermutet hat. Und dass es Wunder gibt, jedenfalls Wunder an Menschlichkeit. Oder war die taube und stumme Frau in dem russischen Dorf, das ihr heimgesucht habt, etwa kein Wunder an Menschlichkeit? Und dann lässt sich aus Eurem Bericht auch eine Lektion über uns Deutsche lernen. Ich denke daran, weil das neuerdings so gelobt und gefeiert wird. Das wunderbar Deutsche. Der tiefe Sinn und die hohen Tugenden der Deutschen. Mein eigener Neffe ist tüchtig mit dieser Botschaft unterwegs und will sie mit frommen Gesinnungsfreunden hinausblasen ins Land von der Wartburg her. Wenn man Euch erzählen hört, kann man vor dem Deutschen das Grausen bekommen, statt in Andacht zu versinken. Du kratzt ein wenig die Lackfarben weg, und ein roher Gesell kommt zum Vorschein, der sich um kein Haar unterscheidet von rohen Gesellen anderswo auf der Welt."

Fetzer wandte sich dem Prälaten in voller Offenheit zu, das erste Mal: „Da mögt Ihr recht haben", sagte er. „Aber ist das alles?"

„Nicht alles", lächelte der Alte. „Was beizufügen wäre, betrifft nicht weniger als das Wunder. Dieses Wunder, das Euch widerfahren ist, als Ihr verloren wart in der russischen Einöde und im Kugelhagel der Gegner. Jemand nimmt Euch bei der Hand, obwohl Ihr ein Feind und ein roher Geselle seid. Jemand gewährt Euch Schutz, schenkt Euch das Leben, das längst verspielt war. Er tut es wie selbstverständlich und ohne Bedingung. Und das ist es, was unser Martin Luther früher einmal die Rechtfertigung des Sünders genannt hat."

Fetzer schwieg und schaute irritiert.

Der Prälat lachte und klopfte seinem Nachbarn herzhaft auf die Schulter: „Da redet nun der Theolog, der's nicht lassen kann, an Gott zu denken", erläuterte er. „In Kürze haben wir das Reformationsfest, dreihundert Jahre sind vergangen, seit die Sache mit Luther ins Rollen kam. Viel Wirbel in den politischen Verhältnissen, viel Sturm in der Kirche und auch viel Kampf hin und her folgten daraus. Kampf und Borniertheit und selbstgerechte Leidenschaft. Aber auch die Entdeckung der entscheidenden Wahrheit, die wir aus der Bibel lernen können. Ob Deutscher oder Türke oder Jud; ob Kriegsmann im Felde oder Hufschmied unter eigenem Dach; der Mensch ist – frei von aller Schminke – ein grober Gesell und darf doch leben und sich fröhlich bewegen in seiner Haut. Und manchmal spürt er sogar eine Hand, die ihn herauszieht aus dem Dreck, in dem er zu versinken droht. Wie gesagt: Luther hat das die Rechtfertigung genannt. Gottes Rechtfertigung des gottlosen und zur Verrohung neigenden Menschen."

„Danke für die Predigt", grinste Fetzer. „Und wenn ich nicht ganz schief liege, habe ich sie sogar verstanden. Mal sehn, ob das nachwirkt, morgen und die nächste Woche. Und wann, sagtet Ihr, findet das statt mit dem Fest zur Reformation?"

„Zum 31. Oktober", sagte der Prälat. „Steigt dann ruhig einmal zum Kloster hinauf. Irgendwie wird's dort ein Gedenken geben an Luther und seine Reformation. Irgendwie zwischen Kraut und Rüben des Landwirtschaftlichen Vereins."

Der Brief, den der Prälat vom Postboten im Klosterhof ausgehändigt bekam, war in Weimar aufgegeben worden und trug als Absender den Namen des Neffen Rudolf Schmidlin. Neugierig riss er ihn auf und spazierte zu seinem Sitzplatz im Klostergarten hinüber. Der Herbsttag war mild, auf verkürzter Bahn erreichte die Sonne nur noch den äußersten Winkel des Gartens. Von Cleß setzte sich und entfaltete das Schreiben:

Lieber Onkel Eremit!
Das Versprechen, Dir zu erzählen von meiner Reise, habe ich nicht vergessen. Ich komme ihm erst einmal schriftlich nach, weil sich die Heimkehr verzögert. Genauer gesagt verzögere ich sie selber. Wegen Wittenberg. Nach den Erfahrungen auf der Wartburg war ich entschlossen, weiter nach Wittenberg zu pilgern. Und du wirst, wenn ich berichte, auch rasch begreifen, weshalb.

Unsere Delegation aus Tübingen war ein aufgeräumter Haufen. Und der Bierkonsum in den Schänken unterwegs beachtlich. Du weißt, dass ich keinen Sinn dafür habe. Ich sitze dabei und muss mir Spöttisches anhören über den Saft in meinem Kinderglas. Trotzdem, es war lustig zu reisen mit den Freunden. Ein herrlicher Ausflug der Burschenschaft, wo einer den andern an Witz übertraf und wo die Lieder kein Ende nehmen wollten. Bloß Sand war ernst und wirkte verschlossen. Lachte selten mit und meldete sich höchstens zu Wort, wenn es Klage über Deutschlands Schicksal zu führen und die Frevler zu benennen galt, die die germanische Seele besudelt und erniedrigt hätten. Und dann tauchten nicht allein Fürstennamen auf, sondern auch die Namen von Literaten. Auch von sehr namhaften!
In Eisenach versammelten sich ein paar hundert Studenten. Mit Mützen und Schärpen ihrer Landsmannschaften und mit selbstbewusstem Lärmen. Die Jenaer führten Regie und stellten das größte Kontingent. Sie trugen eine mächtige Fahne mit den Farben Schwarz-Rot-Gold in ihrer Mitte und brüllten zwischen den Reden und Gesängen ihre Parole: ‚Ehre, Freiheit, Vaterland'.

Das kam nicht unerwartet und berührte mich doch eigenartig. Luther und die Reformation schienen an den Rand gedrängt zu werden. Aber das mochte sich ändern, wenn man erst auf der Wartburg war.

Die Burg thront malerisch über grünen, dicht bewaldeten Hängen. Beim Anstieg entzieht sie sich meist den bewundernden Blicken, doch es gibt Aussichtspunkte, wo sie plötzlich vor Augen tritt wie eine Bastion der Wahrheit, errichtet für die Ewigkeit. Der prächtige Block des Landgrafenhauses mit seinen Arkaden, die Fachwerkzeile des Wehrgangs, der quadratische Turm, der das Ganze überragt. Es war mir sofort klar, dass es dieser Anblick gewesen sein musste, der Luther zu seinem Lied ‚Ein feste Burg ist unser Gott‘ inspiriert hat.

Auf dem Burghof wird auf einmal alles enger und kleiner. Die Bauten drängen sich aneinander, das Großzügige schwindet, das Verwinkelte beherrscht die Szene. Hier im Burghof schoben sich die Studenten dicht zusammen, und es wurden Reden geschwungen, die mir alles in allem überaus patriotisch, aber wenig lutherisch erschienen. Zum Zeichen einer fälligen großen Einheit im Volk sollten die verschiedenen Landsmannschaften sich zusammenschließen zu einer Allgemeinen Deutschen Burschenschaft. Ja, warum nicht? Aber wiederum: Warum hauptsächlich das? Ich merkte, dass meine anfängliche Begeisterung für dieses Unternehmen empfindlich im Abklingen war. Die Reformation bildete bestenfalls eine Kulisse, auf der Bühne aber wurde das Spiel der deutschen jugendfrischen Erhebung aufgeführt. Dazu stimmte übrigens das Datum. Man war ja nicht zum 31. Oktober hinaufgeklettert auf die Wartburg, sondern am 18. Oktober. Dem Jahrestag des Sieges über Napoleons geschwächte Armee bei Leipzig 1813. Das lag näher in der Zeit und anscheinend näher bei den Herzen als die alte Reformation vor dreihundert Jahren.

Ich nahm Gelegenheit, den studentischen Auflauf im Burghof zu verlassen und über den schmalen Gang die Lutherstube in der Vogtei aufzusuchen. Dort war ich allein. Stand in der bescheidenen, holzverkleideten Kammer auf einem ausgetretenen, rissigen

Steinboden. Vor mir lediglich ein Tisch, mit aufgeschlagener Bibel darauf und einem Lutherbild darüber. Es war ein drastisches Gegenbild zum pathetischen Trubel im Burghof. Nicht allein wegen der Stille, die hier herrschte. Auch wegen des Geistes, der wie spürbar gegenwärtig war. Das Karge des Raumes, das Asketische seiner Ausstattung. Reduktion auf das Entscheidende. Das Gerede und das Singen im Hof drunten kam mir auf einmal sehr abgeschmackt vor und unsagbar schwulstig. Fast ein wenig besessen, zumindest aber berauscht. Hier oben war alles würdige und gefasste Nüchternheit. Selbstbeschränkung statt Selbstüberhebung. Die andere Strophe aus dem Lutherlied von der festen Burg fiel mir ein, dieses: ,Mit unsrer Macht ist nichts getan!' Das sollten sie mal singen zwischen ihren Hymnen auf deutschen Ruhm und deutsche Stärke, dachte ich. Wie das wohl klingen möchte mit seinem ganz anderen Ton? Und ob es dem einen oder anderen in den Sinn kommen würde, dass da etwas schlecht zusammenstimmte und sich innerlich sperrte gegen schnelle Umarmung?

Ich weiß schon, lieber Onkel, Du wirst jetzt schmunzeln und zufrieden nuckeln an Deiner Pfeife, weil Du mir Deine Meinung zu meiner Reise nicht vorenthalten hast bei meinem Besuch in Denkendorf. Damals hatte ich mich ein bisschen geärgert über Deine Einwände, zugegeben. Heute versteh ich, woran Dir gelegen war. Was ich erlebte in Eisenach, behielt nicht die Farben meiner Vorstellung von dem Ereignis, leider. Das Farbige wurde grell, viel zu grell für meinen Geschmack. Und das steigerte sich sogar. Mittags hatte es in Eisenach immerhin einen Festgottesdienst gegeben, mit Generalsuperintendent Nebe als Prediger. Aber recht wohl war mir nicht dabei. Luther als Gründungsheld deutscher Geschichte und Kultur? Und seine Reformation, die sich dort erfüllen soll, wo die dunkle Germanenseele ihrer selbst gewahr und inne wird?
Abends schlängelte sich ein Fackelzug zum Wartenberg hinauf. Am Ziel droben traf man sich: die Burschenschaften aus den

verschiedenen Universitätsstädten und der Eisenacher Landsturm. Wahrhaftig auch der! Und natürlich war Leipzig der vornehmliche Ort des Gedenkens, nicht Wittenberg. Die Schlachten bei Leipzig und der Glanz des Sieges. Frankreich sank zu Boden, Deutschland erhob sich aus dem Staub! Das wurde zu einer politischen Messfeier, aber auch zu einer geistigen. Mit hämischer und böser Verunglimpfung französischer Denker und Dichter. Überhaupt mit entschiedenen Absagen an den welschen Sinn. Deutsch sollte sein, was nicht französisch war – und auch nicht jüdisch, nebenbei. Aber man schoss nicht bloß rhetorische Breitseiten über den Rhein. Man bediente mit kräftigen Salven auch Verhältnisse im eigenen Land, unpatriotische Einflüsse und Umtriebe angeblich. Namen wurden genannt, Titel schändlicher Bücher aufgeführt. Es ergab sich keineswegs von ungefähr, dass die Proklamation auf dem Wartenberg ihr peinliches Nachspiel hatte. Als das meiste Volk aus Studenten und Landsturmleuten längst abgezogen war ins Tal hinunter, blieb ein Kern von nationalen Bekennern auf dem Berg zurück. Sie errichteten einen Holzhaufen und zündeten ihn an mit ihren Fackeln. Und plötzlich wurde aus dem harmlosen Holzhaufen ein ziemlich giftiger Scheiterhaufen. Plötzlich flogen Gegenstände ins Feuer, mit lauter Anklage und begleitet von schrillem Applaus. Zöpfe waren dabei, Sinnbilder einstiger politischer Herrschaft. Und Bücher. Staatsrechtliches von Haller, das den neuen Zielen zuwider sein sollte, dazu Poetisches von kritischen Köpfen. Der Code Napoléon wurde unter lautem Gejohle ein Fraß der Flammen, auch Schriften von Kotzebue und anderen. Ich habe mich umgedreht und bin davongeschlichen.

Heute verweile ich in Weimar. Es ist ja nicht weit von der Wartburg hierher, aber was für ein Unterschied im geistigen Klima! Ich hatte mich von den Kommilitonen in Eisenach verabschiedet und wollte allein weiter. Mit eigenen Gedanken und persönlichen Zielen. Und da lag nun Weimar am nächsten.
Ich schlenderte über den Frauenplan und schielte zur Eingangstür und zu den Fenstern von Goethes Wohnhaus. Vielleicht war der

Geheime Rat ja daheim und trat auf die Straße, um frische Luft zu schöpfen und sich ein wenig zu ergehen. Doch den Gefallen tat er mir nicht. Ich sah mich weiter um in der Stadt, wo du an jeder Ecke auf Berühmtheiten stößt, auf einen Cranach zum Beispiel und auf Schiller natürlich und Herder, und endlich lenkte ich meine Schritte am Wittumspalais der Herzogin Anna Amalia vorbei und hinunter zu den Ilmauen und zum Gartenhaus. Auf einer Bank sah ich einen alten Herrn sitzen, der Goethe ähnlich schien. Verblüffend ähnlich in seinem gepflegten Rock und mit dem gelichteten Haar über der hohen Stirn. Ich näherte mich und entdeckte: Er war's wirklich! Hatte seinen Gehstock mit geschnitzter Krücke zwischen die Knie geklemmt und betrachtete durch die Lupe einen schwarz schillernden Käfer, den er auf der offenen Handfläche hielt. Ich setzte mich neben ihn und grüßte. Er nahm keine Notiz davon. Ließ sich keine Sekunde unterbrechen bei seinen Zufallsforschungen, die er mit dem schwarzen Ding anstellte, das leblos in seiner Hand ruhte. Ich hatte Zeit und beschloss abzuwarten, was geschehen würde. Passanten, die vorbeispazierten, zogen den Hut vor dem berühmten Mann, und er nahm es hin, ohne zu reagieren. Offenbar konnte er dermaßen für sich sein, dass andere einfach nicht vorhanden waren. Schließlich hatte der Geheime Rat seine Beobachtungen abgeschlossen. Er schob die Lupe in ihr Futteral, holte aus der Rocktasche ein Tütchen, in das er den schwarzen Knopf versenkte, verschloss es sorgfältig und steckte es wieder ein. Er bemerkte, dass ich neben ihm auf der Bank saß, grüßte mit einem leichten Nicken seines bedeutenden Kopfes und erklärte: „Ein seltenes Exemplar! Bin ihm niemals begegnet in unseren Breiten. Nur im Süden, in der Toskana, glaube ich, jedenfalls jenseits der Alpen. Wart Ihr bereits in der köstlichen Toskana?"

Ich verneinte. Mit Bedauern.

„Ihr habt noch viel Zeit, junger Mann", tröstete Goethe, „doch über die Alpen müsst Ihr unbedingt, diese gewaltige Grenzscheide überwinden zur Kultur der Alten. Florenz mit den Uffizien, Venedig mit seinen Kanälen, und Rom vor allem. Nicht das katholische mit seinem aufgeplusterten Barock, sondern das heidnische, das Forum Romanum, dessen Trümmer noch Zeugnis ablegen von einstiger Größe, das ist's. Der Titusbogen mit seinen in Stein gemeißelten Siegeserzählungen. Eine kostbare und grandiose Welt!"

„Und das katholische Rom", wagte ich einzuwenden, „den Lateran und St. Peter und Michelangelo in den Vatikanischen Museen – das mögt Ihr nicht?"

Er sah mich prüfend von der Seite an. „Michelangelo war nicht groß, weil er katholisch, sondern obwohl er katholisch und in Wahrheit universal war. Kunst von Gewicht ist immer universal und leidet keine Beschränkung durch konfessionelle Enge."

Ein leichter Unmut klang aus diesen Worten. Goethe hatte sie mit einer Entschiedenheit vorgetragen, die keine Widerrede zuließ. Ich beugte mich seiner Übermacht und schwieg.

Ob ich am Ende selber katholisch sei, und zwar mit aufrichtigem Herzen und mich verletzt fühle von seinem raschen Urteil, lenkte er ein. Er war jetzt wieder der liebenswerte alte Herr, der selbst einem schwarzen reglosen Käfer mit Respekt begegnet.

Nein, wehrte ich ab, nicht katholisch, sondern evangelisch sei ich, sogar Kandidat der Theologie im Tübinger Stift und sei kürzlich Gast in Eisenach und auf der Wartburg gewesen, beim Treffen der deutschen Burschenschaften. Goethe zeigte sich interessiert und bat, Näheres hören zu dürfen. Ich erzählte so unbefangen wie möglich und suchte eigene Wertungen des Erlebten zu vermeiden. Mein Nachbar unterbrach mich nie. Als ich fertig war, legte er beide Hände auf die Krücke seines Stocks, schaute nachdenklich den Parkweg hinunter und sagte: „Mein lieber schwäbischer Freund, ich empfinde ein gewisses Bauchgrimmen bei dieser Geschichte."

Ich musste die Gründe nicht erfragen, denn umgehend fuhr er fort: „Natürlich kann man sagen, es sei ein Studentenstück gewesen. Vielleicht ein Bubenstück. Mit etwas Theaterdonner und viel Schabernack, der nichts ernst nimmt. Heute inszeniert und morgen schon wieder vergessen. Aber ich glaube es nicht. Was mir

Sorgen macht, sind auch nicht die möglichen Folgen, die man hier und da in fürstlichen Kabinetten befürchten wird. Eine Revolution dürfte nicht gleich draus werden. Davor schützt bereits der brave deutsche Biedersinn, der auch in Kreisen aufmüpfiger Burschenschaftler zu Hause ist. Nein, nicht neue Gewalt bedroht uns, sondern neue Miefigkeit. Dumpfes Denken, abgestandenes Empfinden."

Er legte eine Pause ein, und ich beschäftigte mich mit der Frage, was er genauer meine und worauf er hinaus wolle.

„Seht einmal", nahm Goethe den Faden wieder auf, „das Übel liegt darin, dass sie alles klein machen. Nicht alles kurz und klein schlagen in roher Wut, sondern es verkleinern und verschäbigen in ihren Hirnen und in ihren Herzen. Den Code Napoléon haben sie ins Feuer geworfen, sagtet Ihr. Das meine ich. Ein Dokument von geschichtlichem Rang und aus der Feder eines großen freien Geistes. Es genügt, dass es französisch ist, und damit ist's gerichtet. Das ist arm und schäbig. Man macht sich auf, Grenzen zu ziehen, alte und neue, und kann nicht genug Stacheldraht und Mauersteine herbeischaffen, sie zu befestigen. Je lauter das Deutsche besungen wird, desto heftiger wird verdammt, was für undeutsch gilt. Die stolzen Bekenner sind zugleich immer die rabiaten Verwerfer. Sie zerteilen die Welt, zerreißen das Leben. Sie feiern das angeblich Eigene, das Patriotische, und merken nicht, wie sie den Gürtel feiern, mit dem sie ihre Brust einschnüren. Da meinten wir, es sei uns gelungen, aus den alten Niederungen des Geistes allmählich emporzusteigen auf die Höhen, wo der weite, völlig unverstellte Blick möglich wird und wo alle Grenzen aufgehoben sind. Und müssen wahrnehmen, dass es längst in die andere Richtung geht, hinunter ins Schattige, ins Kleinräumige und Kleinkarierte. Mit dem Luther übrigens machen sie's nicht anders. Den spannen sie vor den müden Karren ihrer Deutschmeierei und verkürzen ihn aufs Zwergenformat. Der deutsche Luther, das ist ein Stammtisch-Luther – oder muss es werden, früher oder später. Und wäre denn das Evangelium, dem er sich verschrieben hat, keine Sache von universaler Gültigkeit?

Und müssten Evangelische, die sich auf ihn berufen, nicht kräftig rütteln an den Zäunen, die andere begeistert aufrichten in der Landschaft und in den Köpfen?"

Er sah mich an, als warte er auf meine Zustimmung. Ich lieferte sie auch, aber sie stellte ihn anscheinend nicht zufrieden. „Seht nur, Herr Kandidat", begann er noch einmal, „man weiß natürlich, dass auch ein Luther nicht frei war von der Lust, Gräben und Zäune zu ziehen. Die Römischen wissen ihr Lied davon zu singen. Und ebenfalls Juden und Türken, obwohl man das schamhaft beschweigt in evangelischen Kirchen. Und doch war er groß! Sogar groß in seinen Beschränkungen. Heute, fürcht' ich, ist bei den Konfessionen nicht viel geblieben von dieser Größe. Sie sind bloß noch beschränkt, und ihre Führer umkreisen das Gehege, worin die Herde eingepfercht wurde, wie Hirtenhunde, die nach innen knurren und nach außen blaffen, um Feinde abzuschrecken. Und so geht's dann, mein Freund, religiös nicht anders als politisch:

> *Und wer franzet oder britet,*
> *Italienert oder teutschet,*
> *Einer will nur wie der andre,*
> *Was die Eigenliebe heischet."*

Goethe schmunzelte und lehnte sich ächzend zurück: „Keine großen Verse, verzeiht, Ihr seid vielleicht anderes gewöhnt aus meiner Werkstatt. Aber es gefällt mir momentan, Magerkost zu bereiten für ästhetische Gaumen. Im Alter kann ich mir's leisten, denke ich. Es ist ein Spiel, versteht Ihr, aber mit dem ganzen Ernst des Spielerischen. Ein buntes Gewebe von Sinnsprüchen, Liebesseufzern und ironisch eingefärbten Altersweisheiten setze ich zusammen. Bunt wie ein orientalischer Teppich. Deshalb soll das Ganze auch ‚Divan' heißen, präziser, der ‚Westöstliche Divan', beiläufig ein poetisches Zwiegespräch zwischen dem Alten in Weimar und dem noch viel Älteren aus Persien, dem Hafis, dessen sufische Lieder ich gelesen und aufgenommen habe wie eine Offenbarung. Wirklich wie eine Offenbarung, wenn mir der

Kandidat aus Tübingen die Verwendung dieses hohen Begriffs gestattet. Der Geist weht, wo er will, heißt es immerhin im Testament, also nicht allein dort, wo Menschen gerne hätten, dass er wehen sollte. Mithin vermag er auch in Weltgegenden zu wehen, die uns unendlich fern vorkommen, und in Menschenherzen, von denen wir nichts wissen und vor allem: nichts wissen wollen. Wegen dieses elenden Dranges zum Kleinen, ich wiederhole mich. Aber davon bin ich nun doch überzeugt, dass wir dem Geist, wahrhaftig auch dem Gottesgeist, am besten dienen, wenn wir ihn nicht einzufangen versuchen wie einen Vogel, sondern ihn fliegen lassen über die Gipfel nach Herzenslust."

Goethe machte es wie alle, die ihrer Autorität gewiss sind: Er hatte beinah allein geredet und bedankte sich für das gute Gespräch. Mir war es recht. Ich sah ihm nach, wie er, kaum merklich auf seinen Stock gestützt, aufrecht zur Stadt hinüberschritt. Er drehte sich nicht um und hatte mich wahrscheinlich schon vergessen. Vielleicht ging ihm ein neuer Vers für seinen Divan durch den Kopf. Ich fühlte mich geehrt, von ihm beachtet und sogar in eine Audienz gezogen worden zu sein. Was er gesagt hatte, verfolgte mich bis in den Abend. Stimmte es, dass wir in einer Zeit schäbiger Verkleinerungen lebten? Auch dort, wo es um Religion und Glauben ging? – Ich muss weiter am kommenden Morgen und in Wittenberg erkunden, was dort im Gange ist, um den großen Luther und sein Werk zu würdigen.

    Dein Dich herzlich grüßender Neffe, ein Wandersmann,
    der darauf hofft, dass das Reisen ihn bilde und
    in allen Stücken gescheiter mache. –

Von Cleß faltete das Schreiben zusammen und erhob sich von seinem Sitzplatz im Klosterwinkel. Goethe! Da reist der Bursche zum Wartburgfest, dachte er, und trifft auf den großen Dichter an der Ilm in Weimar. Und nun pilgert er weiter nach Wittenberg. Sollte mich wundern, wenn es ihm nicht gelänge, an der Schlosskirche dort dem leibhaftigen Luther zu begegnen!

1917:HEIMATSCHUSS

Ab und zu schreckte er hoch in der Nacht, gefoltert von Bildern und aufgeweckt vom eigenen Schrei. Dann warf er die Decke zurück, schlurfte ins Bad, ließ kaltes Wasser über Arme und Gesicht laufen, brühte einen Tee auf und schluckte ihn heiß hinunter. In einem Fotoband über Landschaften der Alb und des Neckartals suchte er nach freundlichen Eindrücken, die helfen sollten, seine Traumszenen zu verdrängen. Es gelang ihm selten.

Michel Seibold war mit einem ,Heimatschuss' von der Westfront abgezogen, in einem Lazarett nahe der belgischen Grenze behandelt und nach Ulm, seiner Geburtsstadt, zurückbefördert worden. Der Krieg, der sich hinschleppte, war für ihn vorbei. Jedenfalls der Kampf auf den Schlachtfeldern, die aussahen, als wären es immer dieselben, durchpflügt von Kettenfahrzeugen und Geschützen, aufgewühlt von Einschlägen der Artillerie, besät mit Gefallenen in bizarren Verrenkungen. Die Trostlosigkeit im Schützengraben musste er jetzt nicht mehr aushalten, dieses angstbesetzte Warten, das manch hart gesottener Landser sogar mit Schlafen überbrückte, längst unempfindlich geworden gegen das Wummern entfernter Kanonen und die aufdringliche Nähe fetter Ratten. Ja, den Überlebenskampf an der Front hatte er hinter sich, aber die Front war unheimlich von außen nach innen gewandert. Jetzt baute sie sich auf in seinen Träumen. Granaten sirrten dann über das Erdloch, in dem er Deckung suchte mit seinem erbärmlichen Helm. Schrapnellgeschosse detonierten, und die Munition aus schwerkalibrigen Mörsern grub sich in der Nähe ein und überwarf ihn mit Erde. Und wenn er hervorkroch und sich die Augen frei wischte, sah er die verstümmelten Leiber, die eben noch seine Kampfgefährten waren. Man redete von Kameraden, aber es war nicht weit her mit der Kameradschaft. Wer nicht aufpasste, konnte rasch seinen Mantel vermissen oder Teile des täglichen Proviants. Der Zwang zu überleben verknappte den Raum für moralische Grundsätze und freundschaftliche

Gesten. Schützengräben, die sich bei Regenfällen in Schlammlöcher verwandelten, wurden zu Orten bitterer Vereinsamung. Und die schüttelte man nicht ab wie einen hingewehten Staub. Die nistete sich ein in der Seele und würgte das Leben auch bei Tage.

Der Kriegsteilnehmer Seibold war zurück in seiner Heimat, ein junger Mann von zwanzig Jahren, den man jetzt menschenscheu und einzelgängerisch nannte. Manchmal sah man ihn, den Kopf wie in ständigem Nachdenken auf die Brust geneigt, durch die Gassen der Altstadt hinab zum Donauufer schlendern. Dann wieder in einem Winkel des Münsters hocken, ganz ohne Regung und wie versteinert.

Im Frühling 1917 wurde er zum Kurs bei der jungen Lehrerbildungsanstalt im Kloster Denkendorf einberufen. Sich dazu zu melden, war ein spontaner Entschluss gewesen, durchaus nicht frei von Panik. Seibold unternahm diesen Schritt gegen die eigene Verzweiflung. Er hatte nicht das Gefühl, zum Lehrer berufen zu sein oder wenigstens für die Aufgaben des Lehrerberufs einigermaßen zu taugen. Und im Grunde sprach sogar, wie er selber empfand, bedeutend mehr gegen seine Entscheidung als dafür. Dass er einen helfenden Umgang mit jungen Menschen ansteuerte, weil es ihm selber an menschlichen Beziehungen mangelte, blieb ihm verborgen. Er wusste bloß, dass er heraus sollte aus der Stadt, um neu anzufangen irgendwo.

Das Kloster hatte wieder einmal seine Kleider und seine Bestimmung gewechselt. Eine private Nutzung zur Fabrikation von Likören, von Senf und Schokolade war ausgelaufen, der Staat hatte das Anwesen übernommen und nutzte es ab 1907 für eine Anstalt zur Schulung von Junglehrern. Nun war der hohe Schlot, der unterhalb des östlichen Klosterbaus errichtet worden war, überflüssig und sogar störend für die gewünschte Gesamtansicht. Und auch für die Küferei mit Destille und Zimtstube, für Kesselhaus und Mahlraum samt Gewürzmühlen gab es keine Verwendung mehr. Was überhaupt zu transportieren war, hatte die Fabrikantenfamilie Kauffmann, deren ,Klostersenf' es zum geschätzten Markenartikel in der Region gebracht hatte, zu ihrem neuen und verkehrsgünstiger gelegenen Standort im Filstal geschafft. Anderes wurde abgetragen und das Kloster instand gesetzt für eine Bildungsaufgabe, die inhaltlich anschloss an Bestimmungen aus vergangenen Jahrhunderten.

Seibold stand mit seinem Studentenbündel im Tal und schaute bewundernd hinauf zum aufgeschichteten Steinwall, der den Chor der Klosterkirche gegen den Abgrund stützte. Dann wandte er sich nach links und stieg an der alten Klostermauer entlang zum Zwinghof hinauf, passierte die Pfarrscheuer mit ihrer wuchtigen Wehrmauer aus Feldsteinen sowie das Forsthaus, bis er den großen Hof zwischen Pfarrhaus, Fruchtkasten und Kirche erreichte. Den Eingang zur Kirche bewachten eine Kastanie zur einen und eine Platane zur anderen Seite, und hinter der Platane war der Zugang frei zum alten Kreuzgarten. Seibold betrat ihn und traf auf einen jungen Mann, der auf einer Bank die wärmende Sonne genoss. Schon dabei, auf dem Absatz kehrt zu machen und einer unerwünschten ersten Begegnung aus dem Weg zu gehen, hörte er sich von dem Fremden angerufen und gebeten, näher zu treten. Er zögerte, wandte sich aber um und stellte fest, dass der andere sich erhoben hatte, um ihm einen Sitzplatz auf der Bank anzubieten.

„Ein neuer Seminarist offensichtlich", sagte er, „willkommen im Kloster!"

Seibold verneigte sich steif, nannte seinen Namen und bat um Auskunft, wohin er sich wenden solle, sein Zimmer zu beziehen.

Der andere lachte und setzte sich. „Das hat Zeit", sagte er, „und im Schlafsaal ist's ganz bestimmt schattig und kühl und nicht heiter wie hier im Garten."

Seibold ließ sich schüchtern auf die Kante der Sitzbank nieder und schwieg. Aber er merkte, wie ihn der andere musterte. Am liebsten wäre er einfach aufgesprungen und davongelaufen, den Klosterberg hinunter und eine Strecke den Bach entlang, wo er für sich sein konnte. Doch sein Banknachbar ließ ihn nicht, sondern fing langsam an zu erzählen. Gerade so, als führe er ein Selbstgespräch, das keine Antworten und Reaktionen erwartete und in dem alle direkten Fragen vermieden wurden. Er sei auch noch nicht lange im Kloster, sagte er, und manchmal wundere er sich, dass man ihn ausersehen habe, künftige

Lehrer ausbilden zu helfen. Was er dazu mitbringe, sei nicht eben viel. In einem Schwarzwälder Dorf habe er praktische Erfahrungen im Schuldienst gemacht. Mit aufgeweckten Kindern, die neugierig auf alles gewesen seien, was es zu lernen und besonders: was es zu entdecken gab in der Welt. Ja, und den Krieg habe er schmecken müssen, und der sei ihm zunächst süß erschienen im August 1914, als er mit seinen neunzehn Jahren drauflos gesprungen sei wie ein junger Bär auf den Bienenstock. Aber ein Bienenstock sei's dann wahrhaftig nicht geworden, und was ihm alles entgegentreten und um die Ohren fliegen sollte, sei doch völlig unvergleichbar gewesen mit dem Gesumm der Insekten und mit ihren Stacheln.

Der Erzähler unterbrach sich, weil er sah, wie sein Nachbar die Hände knetete in seinem Schoß. Es schien ihm nicht gut zu gehen. Vielleicht war er auch einer von denen, die jubelnd in diesen Krieg hineingezogen waren, um jämmerlich geschlagen aus ihm herauszukriechen.

„Mein Name ist Wirsching", sagte der junge Lehrer. „Gustav Wirsching. Ich bin kaum älter als Sie und Ihresgleichen und soll beim Unterricht im Kloster mitwirken. Wenn ich dran denke, werden mir die Knie weich. Aber im Verein miteinander werden wir's schaffen, hoffe ich. Jedenfalls ist diese Anstalt hier kein Kasernenhof, und ich trage keine Abzeichen des Unteroffiziers. Es ist mehr als ein gutes Zeichen, dass wir uns in den Räumen eines alten Klosters aufhalten dürfen, finde ich. Der Geist, der darin einmal geherrscht hat, kann nicht vollkommen ausgetrieben sein. Auch nicht mit den Dampfmaschinen und Wärmeöfen des Kauffmann'schen Senfbetriebs."

Wirsching stand auf und erklärte dem Neuen, er wolle ihm jetzt seine Bettstelle zeigen. Michel Seibold ging neben ihm. Er hatte das Gefühl, dass es keiner Überwindung bedurfte, an der Seite des jungen Lehrers zu gehen.

Die Gemeinschaft der Lehramtskandidaten bildete einen bunten Haufen aus allen Teilen des Landes, versehen mit allen Spielarten der öffentlichen Meinung und mit unterschiedlichen Temperamenten. Seibold füllte die Rolle des Außenseiters aus, in der er sich anscheinend am wohlsten fühlte. Er vermied engere Kontakte zu seinen Kurskollegen, schwieg gewöhnlich bei Debatten, zumal wenn sie heftig ausfielen, und entzog sich den abendlichen Runden, in denen Most aus dem Keller geholt und kräftig genossen wurde.

Außerdem machte Wirsching die Beobachtung, dass Seibold bei Abendandachten und Gottesdiensten in der Kirche überhaupt fehlte oder an einen Pfeiler gelehnt regungslos vor sich hin brütete. Zu gern hätte er gewusst, was den jungen Mann innerlich bedrängte. Und zu gern hätte er einen Weg gefunden, sein Vertrauen zu gewinnen und ihm zu helfen.

Im Juli immerhin schien sich ein Ansatz zu bieten, als Seibold in der Seminardiskussion das Wort ergriff, um einen einzigen Satz vorzubringen, der allerdings allgemeines Verstummen im Raum zur Folge hatte. Er sagte: „Wir sind einfach unfähig zum Frieden, alle!"

Vorausgegangen waren Meinungsäußerungen über die politische und militärische Lage der Nation. In Berlin hatte sich die Mehrheit des Reichstags zu einer Friedensresolution durchgerungen, während das Kriegsgeschehen im Westen Massen vernichtend auf der Stelle trat und die Nachrichten vom Kriegsglück im Osten spärlicher wurden. War ein Ende der Metzeleien absehbar?

Unter den Seminaristen waren die Ansichten geteilt und die Stimmung gereizt. Den Enthusiasmus der Anfangszeit, mit dem man forsch und ahnungslos gegen die Feinde in Ost und West losmarschiert war, teilte inzwischen niemand mehr. Aber über das mögliche Gesicht eines Friedensschlusses konnte man auch nicht einig werden. Sollten die zahllosen Blutopfer etwa umsonst dargebracht worden sein?, fragten die einen, die einen Siegfrieden verlangten und sich dabei auf Hindenburg beriefen. Wenn ein Frieden ausgehandelt werden sollte, dann müssten vor allem die Feinde bluten. Belgien dem Reich zuzuschlagen und am besten die Normandie obendrein, sei eine vernünftige Perspektive und eine handfeste Garantie dafür, dass nicht in absehbarer Zeit erneut mit Feindseligkeiten der Franzosen und mit Kriegstreibereien der Briten zu rechnen sei. –

Beim sogenannten Siegfrieden handle es sich um eine traurige und verfluchte Illusion, erwiderten die andern. Wer so etwas wolle, der befürworte die Fortsetzung des Krieges mit allen Konsequenzen und bis zu einem bitterbösen Ende. Was der Zentrumsmann Matthias Erzberger im Reichstag mit seiner Resolution vorangetrieben habe, das sei die Lösung eines Verständigungsfriedens ohne triumphierende Sieger und gedemütigte Verlierer. Ein Abkommen für die Vernunft und gegen den Wahnsinn. Und dieser Erzberger sei ja nun einer aus dem eigenen Stall sozusagen, ein knorriges Gewächs von der Alb, aus Buttenhausen im Lautertal, wo sich seit Generationen Juden und Christen miteinander vertrügen, entgegen aller geschichtlichen Wahrscheinlichkeit. Aber es ging. Die Friedhöfe von Juden und Christen lagen einander gegenüber an den Hängen der Alb, und die Toten grüßten sich übers Tal. Und wenn es Christen am Sonntag plötzlich nach Fleisch gelüstete, dann gingen sie eben zum jüdischen Metzger, der seinen Sabbat bereits hinter sich und den Laden geöffnet hatte. Auch wenn das Ganze keine Dorfgemeinschaft aus innigsten Verbundenheiten dargestellt habe (und man suche den schwäbischen Flecken auf der Landkarte, wo sich dergleichen ereigne!), so habe man's doch verstanden, miteinander auszukommen. Wer anders, auch in seiner Religion anders war, musste kein Feind werden deshalb. Er konnte ein Nachbar bleiben. Und von solcher Erfahrung war Erzberger geprägt. Von diesem Kleinmodell eines friedlichen Zusammenlebens divergierender Gruppen. Was in einem Dorf auf der Alb möglich war – praktische Verständigung nämlich – wieso sollte das unmöglich werden beim Konflikt unter Völkern? –

Der Vergleich hinke jämmerlich auf allen vier Beinen, warfen die ersten ein, weil die Dynamik von Nationen nicht mit Nachbarschaftsreibereien in einem entlegenen Albkaff zu vergleichen sei. Deutschland werde von Mächten umringt, die wie Raubtiere ihre Zähne gebleckt und mit den Tatzen ausgeschlagen hätten, um sich einen gewaltigen Happen aus dem Körper des Kaiserreichs zu reißen. Still zu halten wäre ein höherer Selbstmord geworden. Und alle hätten doch bloß auf den zündenden Funken gewartet, damit das Feuer losbrechen konnte von allen Ecken und Enden her, und mit dem Mord von Sarajewo habe man den gewünschten Anlass, der den Feindmächten auf dem Silbertablett überreicht wurde, in herzlicher Dankbarkeit entgegengenommen. Diese kriegsgeifernde Umzingelung sei es doch gewesen, die man gewaltsam habe aufbrechen müssen, um nicht selber zu Tode stranguliert zu werden. Und erst in dem Augenblick, wo es endgültig vorbei sei mit dem Kesseltreiben gegen Kaiser und Reich, weil das Mächtebündnis ringsum militärisch erfolgreich in die Luft gesprengt wurde, sei ein Frieden zu erwarten, der den Namen verdiene.

An dieser Stelle erhob sich Michel Seibold von seinem Platz im Hintergrund und sagte: „Wir sind einfach unfähig zum Frieden, alle!" Darauf verließ er den Raum und schloss die Tür lautlos hinter sich.

D em Lehrer Wirsching war es so erschienen, als habe Seibold wie in einem plötzlichen Affekt die Tür seines Herzens einen Spalt breit geöffnet. Man konnte einen Blick hineinwerfen und ahnen, was für eine Sehnsucht darin wohnte und was für eine Skepsis. Der Sehnsucht nach Frieden stand ein erfahrungsschwerer Zweifel gegenüber, wie der denn überhaupt zustande kommen sollte. Und dies betraf wahrscheinlich nicht allein den politischen Frieden zwischen den europäischen Mächten, sondern auch den inneren Frieden in seiner eigenen Seele.

Abends pflegte Wirsching sich für eine gute Stunde in den Kapitelsaal des Klosters zurückzuziehen, um auf seiner Violine zu üben. Er spielte gern klassische Literatur, aber auch Volksweisen, und wenn er ins Träumen kam, begann er mit leichter Hand zu improvisieren. Einmal bemerkte er, wie sich während seines Spiels die Tür zum Saal vorsichtig auftat und einen Besucher einließ, der in der Absicht, jede Störung zu vermeiden, auf einem Stuhl in der hinteren Ecke Platz nahm. Der Musiker wollte seine Phantasien unterbrechen und den Gast anreden, entschloss sich nach kurzem Zögern jedoch anders und setzte seinen musikalischen Spaziergang fort, als ob nichts geschehen wäre. Er überlegte. Mit einiger Sicherheit war es Michel Seibold, der eingetreten war. Vielleicht hatte ihn das Geigenspiel angezogen, dann war es ratsam, einfach weiter zu machen damit. Vielleicht hatte er aber auch den Wunsch, seinen Lehrer allein zu treffen und mit ihm das Gespräch zu suchen, abseits von Unterrichtszeiten und dienstlichen Anlässen. Dann schien es ebenfalls angezeigt, dem Besucher Zeit zu lassen und nicht sofort auf ihn zuzugehen. Also verlängerte Wirsching seine Improvisationen, wechselte nur allmählich Tonart und Tempo und streute Fragmente bekannter Kinderlieder ein. Was eher melancholisch angelegt gewesen war, verschob sich ins Heitere, machte Abstecher zu Zigeunerweisen und schloss mit dem Abendlied von Matthias Claudius, dem Wandsbecker Boten.

Eine kurze Zeit wartete Wirsching und blätterte in den Heften auf seinem Notenständer, um dem Besucher die Chance einzuräumen, so heimlich zu verschwinden, wie er eingetreten war. Doch es regte sich nichts. Auch nicht das leiseste Geräusch verriet, dass eine Tür in den Angeln bewegt und ins Schloss gezogen wurde. Wirsching machte sich daran, seine Noten zusammen und seine Violine in den Kasten zu packen und wandte sich dabei wie zufällig um. In der Ecke saß tatsächlich Seibold auf seinem Stuhl und machte keinerlei Anstalten, den Raum zu verlassen. Er hielt die Beine weit nach vorn ausgestreckt und den Hinterkopf an die Wand gelehnt.

Wirsching entschied sich, ihn anzureden, nun, da ihm seine Anwesenheit offensichtlich aufgefallen war.

„Ah, Seibold", sagte er, „da hab ich Ihnen ein ziemlich buntes Potpourri geliefert, was?"

Seibold schwieg. Er setzte sich langsam aufrecht und fuhr mit der Hand durch sein Haar: „Als Schüler habe ich in Ulm eine Weile Geigenunterricht gehabt", sagte er. Wirsching hörte es wie eine Einladung zum Gespräch. Er begab sich in die Saalecke und setzte sich rittlings auf einen Holzstuhl dem jungen Mann gegenüber.

„Und Sie haben's irgendwann aufgegeben?", fragte er.

Der Befragte lächelte in seinen Schoß. Das erste Mal, dass ich ihn lächeln sehe, dachte Wirsching. Ein kleiner Riss im Eis. Die Beobachtung ermunterte ihn, ein wenig weiter zu bohren: „Aufgegeben – warum?" – Seibold lächelte immer noch und erklärte: „Aus Faulheit. Sicher aus purer Faulheit. Ein Virtuos wäre ich gern gewesen auf der Geige oder am Klavier. Aber die Übungen, einer zu werden, wurden mir lästig. Ich war jemand, der nicht viel Geduld hatte mit den eigenen Mängeln."

Sieh an, dachte Wirsching, der Faktor Geduld oder Ungeduld mit sich selber. Laut sagte er: „Aber Sie haben Sinn für die herrliche Musica und Lust, ihr zu lauschen."

„Nicht immer", schränkte Seibold ein. „Marschmusik ertrage ich überhaupt nicht. Sie stampft daher wie eine Kolonne von Kriegern und walzt alles platt, was in der Nähe ist."

„Es muss ja nicht Marschmusik sein!"

„Natürlich. Aber die Oper mag ich auch nicht. Sie ist so laut und theatralisch, dass sie nicht wahr sein kann."

Wirsching machte ein verblüfftes Gesicht und wiegte den Kopf nachdenklich hin und her: „Und Mozart? Beispielsweise mit Violinkonzerten und Symphonien? Oder Haydn? Bach?"

Seibold holte tief Atem und unterdrückte einen Seufzer: „Besondere Vorlieben hab ich keine. Es kann mal der eine, mal der andere Komponist sein. Aber es muss eine Hand ausgestreckt werden dabei, verstehen Sie? Eine Hand, die mich sucht und mich berührt. Und mich dann aus dem Keller bringt, Stufe um Stufe hinauf ans Licht. Damit ich wieder hören kann, was wie Vogelstimmen klingt oder wie das Blätterrascheln der Zitterpappeln vor meinem Schlafzimmerfenster. Musik muss leise sein und zart, um den Donner vergessen zu machen, der aus Kanonenrohren schießt, und um die Schreie der Verwundeten verstummen zu lassen."

Wirsching nickte: „Sie kann die Kraft haben, das Dämonische zu verdrängen."

„Für Augenblicke immerhin", ergänzte Seibold.

Wirsching dachte nach. „Von Martin Luther sind schöne Worte über die Musik bekannt, zum Beispiel dies: ‚Wo Musik getrieben wird, verweilt der Teufel nicht.'"

Seibold sah ruckartig auf, als habe man ihm plötzlich einen Stich versetzt: „Ach, Luther", sagte er, und es klang verächtlich und müde.

Wirsching war verdutzt. Anscheinend hatte er an eine wunde Stelle gerührt, so dass auf einmal abgeschnitten zu werden drohte, was an Vertrauen in Gang zu kommen schien zwischen ihnen. Er wollte schon eine Wendung nehmen und zurücklenken auf die Vorzüge der Musik und ihre heilsamen Wirkungen. Aber dann erschien es ihm, als dürfe er die Gelegenheit nicht versäumen, die Wunden zu sehen und nach Möglichkeit zu behandeln, die Seibolds Leben vergifteten. „Was bedeutet er für Sie, dieser Name Luther?", fragte er deshalb.

„Die Lüge", stieß der Befragte hervor. „Und den Tod."

Wirsching fühlte sich, als wäre er geohrfeigt worden. Der Gedanke an den kommenden Herbst durchfuhr ihn, an das Jubiläum Ende Oktober, wo Luthers reformatorische Leistung gewürdigt werden sollte, obwohl sich keiner so recht vorstellen konnte, wie das anzufangen und durchzuführen wäre mitten in diesem verdammten Krieg. Große Feierlichkeiten, während die Söhne des Volks an den Fronten verbluteten und der Ausgang endloser Kämpfe ungewisser wurde von Tag zu Tag? Er schaute irritiert auf den Studenten, der jetzt nach vorn gekrümmt auf seinem Stuhl saß. Was mochte solchen Hass schüren in diesem tief verletzten und verstörten Menschen? Ein Hass, der ausgerechnet dem Reformator zu gelten schien?

Der Lehrer fragte nichts und veranlasste Seibold gerade deswegen zu einer Erklärung: „Sie müssen wissen, dass ich ein junger überzeugter Christ war in Ulm vor Ausbruch des Krieges. Mitglied des CVJM. Leiter einer kleinen Jungschar. Regelmäßiger Besucher der Gottesdienste, am liebsten im Münster. Ich war evangelisch wie meine Eltern, und der Name Luther hatte einen guten Klang in meinen Ohren, der von Gefühlen der Ehrfurcht begleitet war. Ja, wirklich von Ehrfurcht. Und dann lernte ich mehr und Neues über ihn kennen. Denn nach der kaiserlichen Kriegserklärung übertrumpften sich die Pfarrer auf den Kanzeln im Ausmalen eines geharnischten Lutherbildes. Das stieg uns jungen Burschen zu Kopfe und machte die Sehnsucht groß, dabei zu sein, wenn es in den Gotteskampf ging zur Rettung des eigenen Volks. Ich habe in den vordersten Reihen des Münsters gehockt, andächtig bis zu den Haarspitzen. Dem beliebten Prediger Reinhold Dietrich habe ich gelauscht, der Erfahrungen des Göttlichen versprach im Sturm der kämpfenden Truppen. Des Göttlichen, so wörtlich. Ich erinnere mich, weil ich das geschluckt habe wie einen Rauschtrank, und ich konnte gar nicht genug davon bekommen. Zumal es Freunden neben mir kaum anders ging. Der Krieg gieße Eisen ins Blut des deutschen Christentums, das war auch so ein Spruch des braven Münsterpfarrers. Und dann halt über Luther! Der hatte angeblich etwas angefangen, was die Jugend des Volks jetzt vollenden sollte, und zwar mit dem Gewehr in Händen und mit einer religiösen Lust dreinzuschlagen, wo der deutschen Nation Unrecht geschah. Luther hatte die Deutschen geeint mit seinem Kämpferherzen, und was zu seiner Zeit der Papst in Rom, das war jetzt der Franzos und der Brite und der Zar in Moskau. Und da verlangte der Luther, dass man stramm stand vor ihm und vor der nationalen Herausforderung und dass man dem Ausnahmehelden, der zu den Fahnen rief, die Gefolgschaft nicht verweigerte. Eine ahnungslose Gefolgschaft mitten hinein in Grauen und Tod, aber das wollten wir damals nicht wissen. Der Kaiser kannte auf einmal keine Parteien mehr, sondern bloß noch Deutsche, und die Kanzelredner kannten keine Konfessionen mehr, sondern nur noch ein deutsches Christentum, und Luther war die titanische Figur, die das alles möglich machte. Wer Luther sagte, der sagte Krieg. Und wer Luthers Lied von der festen Burg sang, der dachte an den Angriff, der die beste Verteidigung sei, an Panzer und Geschosse aus rauchenden Kanonen und an Felder von Leichen; Felder über Felder von Leichen. Bloß dass es immer und ausschließlich die Leichen der Feinde sein sollten, die das Land übersäten und zum Himmel stanken. Es war eine infame Lüge, denkbar primitiv sogar, aber vielleicht gerade darum so wirksam. Und es hat ein bisschen Zeit gebraucht, bis uns die Augen aufgingen. Bis wir die Leichen zu sehen und zu zählen anfingen aus den eigenen Reihen. Und bis ich es lernte, den verehrten Namen Martin Luther zu verachten und zu verfluchen. Das hat uns nicht gerettet und aus dem Schlamassel herausgeholt, in den wir hineingetrieben wurden nicht zuletzt von frommen Herren im Talar. Immerhin hat's uns befreit davon, noch länger mit Lügen zu leben."

Seibolds Gefühlsausbruch erstarb so plötzlich, wie er losgegangen war. Jetzt klebte er an seinem Stuhl, als fehle ihm die Kraft aufzustehen und den Raum zu verlassen. Wie abwesend starrte er auf seine Füße und vermied es, dem Lehrer ins Gesicht zu sehen.

Auch Wirsching rührte sich nicht, weil er sich unter dem Eindruck des Gehörten ganz ohnmächtig vorkam und ratlos, wie er sich verhalten sollte. Jeder Kommentar zu Seibolds Auslassungen verbot sich, und im Stil des überlegenen Lehrers Korrekturen vorzunehmen, wäre lächerlich gewesen und vermutlich katastrophal ausgegangen.

Allerdings sträubte sich alles in ihm, die Anklagen des Empörten, die sich gegen den Reformator richteten, widerspruchslos hinzunehmen. Doch was sollte er sagen, ohne Gefahr zu laufen, den jungen Mann, der gerade einmal gewagt hatte, sich zu offenbaren, erneut in sein Schneckenhaus zurückzustoßen? Und hatte er denn nicht auch recht, irgendwie? Hatte er nicht viel sensibler und damit zugleich verletzlicher auf die ganze religiöse Kriegspropaganda reagiert als die meisten anderen? Wirsching gestand sich ein, an diesem Punkt selber viel dickfelliger gewesen zu sein. Natürlich hatte er ebenfalls die Reden und Predigten und Gebete gehört und über sich ergehen lassen, die aus geistlichen Giftküchen stammten und nicht aus den schönen Gärten des Evangeliums. Doch er hatte das alles abgeschüttelt von sich, wie ein begossener Hund das Wasser schüttelt aus seinem Fell. Er war wie imprägniert gewesen. Vieles, was er las oder hörte, speicherte er zwar im Gedächtnis, aber es berührte nicht seine Haltung. Gewundert, nicht eigentlich erschüttert hatte ihn deshalb, was er vom gefeierten Rudolf Alexander Schröder an gereimtem Aufbruchspathos lesen konnte:

‚Da klirren der Stahl und das Eisen in Scherben;
Für dich will ich leben, für dich will ich sterben,
Deutschland, Deutschland!‘

Und gar nicht wenige, auch namhafte Vertreter der christlichen Gesellschaft, fühlten sich berufen, Martin Luther auf einen hohen deutschen Sockel zu hieven, unter dem bereits die Bomben lagerten für einen mörderischen Einsatz. Zu einer ‚heroischen Führerpersönlichkeit‘ stilisierte der Professor Seeberg den Reformator, dem die ‚Verdeutschung des Christentums‘ zu danken sei, und aus Westfalen machte ein neues Lutherlied von sich reden, das dem Reformationsjubiläum und dessen herausragender Gestalt gewidmet war:

,Du stehst am Amboss, Lutherheld,
Umkeucht vom Wutgebelfer,
Und wir, Alldeutschland, dir gesellt,
Sind deine Schmiedehelfer.'

Da mochte 1917 auch die ,Evangelische Kirchenzeitung' in ihrer Kaisertreue und Kampfermutigung nicht zurückstehen und holperte die bekennenden Verse herunter:

,Flammenhell fliegt aus der Scheide der Stahl,
Funkelt sein Blitz wie der Sonnenlichtstrahl,
Bebend erklingt von den Lippen der Schwur:
Herrgott, wir folgen der Vorväter Spur!
Herzen und Hände geloben aufs neu:
Dein Volk hält's mit dir in altdeutscher Treu!
Kaiser, mein Kaiser, wir sterben für dich!'

Das waren aktuelle Herzensergüsse mitten im Krieg, nicht etwa bei dessen Ausbruch 1914. Und sie stammten natürlich nicht von Leuten an der Front, bei denen die allerletzten Reste von Begeisterung längst verbrannt waren, sondern von Akteuren in der Heimatetappe. Die fühlten sich für eine Aufrüstung der Kriegsmoral zuständig und besorgten das auf geduldigem Papier oder in den verordneten ,Kriegsgebetstunden', wo sie einem nachdenklicher werdenden Christenvolk den ,Willen des geschichtlichen Gottes' klar zu machen suchten. Nicht einmal davor scheute man zurück, die Passion Jesu als leuchtendes Vorbild für die Passion der deutschen Frontsoldaten zu bemühen.

Es war atemberaubend, und es gab keinen Schutz gegen solchen Dauerbeschuss mit den Pfeilen eines wotanisierten Christentums als den inneren Widerstand; als die Mobilisierung der persönlichen Überzeugung, dass nicht wahr sein konnte, was dort als christliche Wahrheit verkauft wurde. Man musste sich in Gedanken und Gefühlen distanzieren und dem eigenen Weg folgen, sonst wurde man mitgerissen und ging unter.

Einen Augenblick lang erwog Wirsching, dem übel geschmähten Luther Gerechtigkeit dadurch widerfahren zu lassen, dass er ein paar seiner Worte ins Spiel brachte, die er sich aufgeschrieben und gemerkt hatte gegen alle Kriegstreiberei: ,Gott wende seinen Zorn von uns ab', hieß es zum Beispiel, ‚denn der Krieg ist die schlimmste aller Strafen.‘ Oder auch: ‚Süß ist der Krieg nur für die Unerfahrenen. Gott behüte uns davor!‘ – Aber dann unterließ er es doch und nahm sich vor, die Zitate für günstigere Stunden aufzuheben.

Er nahm seine Violine auf, die er neben sich niedergelegt hatte, und zupfte ein paar Saiten an. Die Töne schwangen leicht und spielerisch zum Gewölbe empor und machten der lastenden Stille ein Ende. Sie bestätigten nichts und sie verurteilten nichts, doch sie schufen eine glückliche Verwandlung im Raum. Sie ließen ein, was vorher ausgeschlossen schien: Farben und Blüten des Lebens.

„Sie haben eine Geige daheim in Ulm", sagte Wirsching. „Es wäre schön, Sie könnten das Instrument herbringen. Ich möchte mich umhören bei den andern und sehen, was alles zusammenkommen kann. Vielleicht reicht es zu einem kleinen Orchester. Jedenfalls könnten wir Musik machen miteinander. Auch singen in einem Chor. Mir würde das Freude machen und Ihnen und einer Reihe von Seminaristen hoffentlich auch. Und am Ende knüpften wir damit sogar bei den besten Traditionen des alten Klosters an."

Am nächsten Morgen, einem Freitag, erschien Seibold nicht bei der Frühandacht und auch nicht beim anschließenden Frühstück.

Das war auffallend und widersprach allen Regeln des gemeinsamen Lebens. Unvorstellbar, dass er plötzlich abgereist sein könnte, nach Hause an die Donau oder mit unbekanntem Ziel irgendwohin, ohne Urlaub genommen und sich formell verabschiedet zu haben. Ein Seminarist wurde noch bei Tisch angewiesen, zur oberen Etage, wo die Schlafräume lagen, hinaufzugehen und nachzuschauen. Er kam zurück und zuckte die Achseln. Seibolds Bett sei leer, erklärte er, er liege also nicht krank. Sei auch nicht im Waschraum oder sonst wo, er habe mehrfach laut gerufen und keine Antwort erhalten.

Eugen Schmidt, der Leiter des Seminars, beugte sich zu Wirsching herüber und flüsterte: „Was soll das bedeuten? Haben Sie eine Ahnung?

Sie haben doch einen guten Draht zu dem Mann." Wirsching schüttelte den Kopf und meinte, er sei genauso überrascht wie alle andern. Dann legte er sein Besteck beiseite, erhob sich und eilte aus dem Saal.

In Seibolds Schlafraumnische fand er das Bett durchwühlt. Über dem Hocker hing seine Trachtenjacke, die er gewöhnlich trug, am Haken die studentische Schirmmütze und ein am Kragen mit mausgrauem Fell besetzter Wintermantel. Das Ganze sah nicht nach Abreise aus, sondern nach Flucht. Überdies lag der Gepäcksack, mit dem er von Ulm hergekommen war, verwaist in der Ecke. Im Obergeschoss, wo die Seminaristen ihre Wäsche und andere Habseligkeiten verstauten, fand er Seibolds Spind verschlossen, den Holzkoffer und den Wäschekorb, den er mit der Bahn hatte herbringen lassen, unberührt.

Wirsching ging zurück, inspizierte die Studierzimmer und trat an Seibolds Tisch. Dort lagen ein paar Lehrbücher, alle aufgeschlagen und übereinandergestapelt. Daneben ein Schreibheft, geschlossen. Wirsching klappte es auf und erschrak. In großen Buchstaben sprangen ihm vier Worte entgegen: WER SOLL DAS AUSHALTEN?

Eine Frage, laut und schrill wie ein Schrei. Wirsching tat ein paar Schritte zum Fenster, öffnete es und sog die Morgenluft ein. Der nahe Wald erhob sich beiderseits über dem Tal und schwieg, als liege ihm daran, ein Geheimnis zu bewahren. Drunten vor dem Farrenstall machte sich ein Bauer zu schaffen, und eine Handvoll Hühner pickte emsig hinter ihm her. Der Himmel war klar und versprach einen warmen Sommertag.

Wieder im Speisesaal berichtete Wirsching dem Anstaltsleiter von seinen Beobachtungen und erwähnte den Satz in Seibolds Schreibheft. Eugen Schmidt hob die Brauen hoch und murmelte: „Der wird sich um Gottes willen doch nichts angetan haben!" Dann wandte er sich an die Versammelten, die gespannt hinter ihren Frühstückstellern lauerten: „Seibold ist irgendwie verschwunden", sagte er, „hat jemand einen Anhaltspunkt, wo er sein könnte?"

Niemand schien etwas zu wissen, aber der Geräuschpegel stieg sprunghaft an, weil nun alle durcheinander redeten. Der Leiter trommelte energisch auf die Tischplatte und verlangte Disziplin und Ruhe:

„Meine Herren! Es besteht kein Grund, in Aufregung zu geraten. Vielleicht findet die Sache in Kürze eine völlig harmlose Lösung. Aber wir wollen das nicht einfach abwarten und zur Tagesordnung übergehen. Wir setzen den Unterricht einstweilen aus und bilden Suchtrupps, je drei oder vier Mann, die kämmen das Gelände rund ums Kloster durch. Das Körschtal hinunter bis an den Neckar und hinauf bis auf die Stuttgarter Höhen, wenn's nötig wird. Ferner das Sulzbachtal entlang. Beim Sauhag in verschiedenen Abschnitten bis nach Wolfschlugen hinüber. Und hinauf auf die Filderfläche, einmal auf Kemnat und Ruit zu, dann auch gegen Wendlingen. Eine genaue Gruppeneinteilung mit den verschiedenen Marschrichtungen nehmen wir in einer halben Stunde vor, drunten im Hof. Bis Mittag sollten alle zurück sein."

Die ‚Semmis' stoben auseinander, und im Nu war der Saal menschenleer, bis auf Wirsching und den Seminarleiter.

„Sagen Sie, Wirsching, was denken Sie?"

„Ich denke, dass er gefährdet ist. Weil er Lasten mit sich herumschleppt, die zu schwer sind für ihn und die er nicht loswerden kann."

„Lasten aus dem Krieg?"

„Wahrscheinlich."

„Er hat Ihnen erzählt davon oder Andeutungen gemacht?"

„Andeutungen vielleicht, aber ich habe sie wohl nicht verstanden."

Der Leiter zog eine Pfeife aus der Jackentasche und zündete sie an. „Mensch, Wirsching", ächzte er dazu, „wenn das mal gut ausgeht! Ich hab ein sehr mulmiges Gefühl. Weil – der Seibold ist ein labiler Typ, das merkt jeder, und düsteren Stimmungen ausgesetzt. So einer ist vollkommen unberechenbar. Nicht weil er die Hand gegen andere erheben könnte, aber gegen sich selber."

Er leide wohl unter verheerenden Alpträumen, bemerkte Wirsching. Und es plagten ihn nach seinem Eindruck nicht bloß Angstzustände, sondern auch Schuldvorwürfe..

Eugen Schmidt sah ihn lange an. „Da stoßen wir wieder mal hart an die Wand mit unseren pädagogischen Köpfen", knurrte er. „Manch einer kommt ja glücklich heraus aus dem Krieg und findet dann nicht wieder hinein ins Leben. Verwundet war er, naja. Sie waren's nicht weniger und ich war's auch. Die Verwundungen sind's nicht in der Regel, die einem das Leben zerstücken und durcheinander bringen, dass man's nie wieder zusammenkriegt." –

Am späten Vormittag trafen die ausgesandten Gruppen nach und nach auf dem Klosterhof ein. Sie waren müde und enttäuscht. Den Verschwundenen hatte niemand gesehen. Wirsching nahm sich Zeit, mit allen zu reden, die Anstrengungen zu würdigen und hängende Köpfe ein wenig aufzurichten. Es sei immer noch möglich, dass Seibolds Verschwinden eine simple Erklärung finde und der Gesuchte plötzlich auftauche, erstaunt über alle Umstände, die man seinetwegen gemacht habe. Sehr überzeugend klang das nicht, und Wirsching selber glaubte auch nicht daran. Er selbst hätte besser aufpassen müssen! Hätte ihn nicht aus den Augen lassen und vor allem nicht zulassen dürfen, dass er allein davonzog nach ihrer Begegnung im Kapitelsaal. Irgendwie hätte er ihn festhalten müssen mit seiner Geige und bei der Musik. Ihn probieren lassen, wie sich das anfühlte, wenn er mit dem Bogen über die Saiten strich und sich allmählich eine kleine Melodie zusammenfügte, die ihn zurückversetzen konnte in Kindertage seiner bemühten Geigenstunden. Das Instrument und die Musik wären womöglich imstande gewesen, seinen trüben Sinn zu durchleuchten. Doch er hatte den richtigen Augenblick verpasst. Er hatte einfach versagt.

Der Nachmittag verlief unter bangem Warten und in allgemein bedrückter Stimmung. Einzelne hatten um Erlaubnis gebeten, noch einmal aufzubrechen, und waren in verschiedenen Richtungen unterwegs. Keiner zweifelte daran, dass sie ergebnislos heimkehren würden.

Nach dem Glockengeläut am Abend lenkte der Schultes von Köngen sein Fuhrwerk auf den Klosterhof. Er sprang vom Bock und stieg zu zwei Frauen auf die Ladefläche des Karrens. Die saßen gebeugt über einer Trage, die mit Kissen und Decken belegt war, unter denen sich offensichtlich eine menschliche Person verbarg. Die Klosterbewohner waren umgehend bei der Stelle, umringten das Gefährt und überschlugen sich mit Fragen. Der Schultes wehrte nach Kräften ab und betonte, der Mann sei am Leben, aber in erbärmlichem Zustand, und es komme zuerst darauf an, dass man ihn zur Ruhe bette und mit allem Nötigen versorge. Und da wüssten nun mal die Weiber besser Bescheid als die studierten Herren Lehrer.

Der Patient wurde mit großer Vorsicht vom Wagen gehoben und ins Krankenzimmer des Klosters gebracht. Man rief nach dem Arzt und traf erste Vorkehrungen, dem unverhofft Gestrandeten beizustehen. Es war tatsächlich Michel Seibold, dessen Gesicht fahl und eingefallen wirkte wie nach unendlichen Entbehrungen und Strapazen. Das Hemd, das er auf dem Leib trug, war zerrissen. Die Füße, an denen die Schuhe fehlten, waren blutverschmiert. Seibold atmete schwer, doch er atmete, und man registrierte es mit Erleichterung. Seine Augen hielt er geschlossen wie in einer andauernden Ohnmacht. Auf Zuruf oder leichte Berührungen reagierte er nicht.

Der Arzt bestätigte einen totalen Erschöpfungszustand bei gefährlich erhöhter Temperatur. Das Fieber zu bekämpfen, sei deshalb die vordringliche Maßnahme, außerdem Ruhe zu halten, nichts als Ruhe unter ständiger Beobachtung. Eine der Köngener Frauen, die über Erfahrungen in der Pflege verfügte, durfte im Krankenzimmer verweilen. Der Rest von Besorgten wurde nach draußen gebeten.

Im benachbarten Zimmer hatten sich ein paar Herren zusammengefunden, um den Vorfall zu bereden. Der Institutsleiter hatte den Schultes aus Köngen beim Arm genommen, hatte ihm wortreich gedankt für seinen Samariterdienst, aber auch zu verstehen gegeben, dass er darauf brenne zu erfahren, wie und wo man den Unglücklichen aufgegriffen habe. Zu den beiden gesellten sich Lehrer Wirsching und der Klosterpfarrer Wilhelm Müller, der über das Unglück längst informiert worden war.

„Nun erzählen Sie", wandte der Leiter sich an den Köngener Bürgermeister, „was Sie mit unserem armen Seibold erlebt haben!"

Der Schultes hatte breit und umständlich Platz genommen am Tisch und war sich seiner augenblicklichen Bedeutung bewusst. „Man hat ihn rein zufällig gefunden", berichtete er, „ein gutes Stück oberhalb von Köngen, am Rand eines Weges, der hinauf auf die Felder führt. Ich war gar nicht weit davon auf meinem Acker, als ich um Hilfe rufen hörte. Ich lief hin und traf eine Magd aus dem Dorf, die mit Milchkannen auf ihrem Leiterwagen unterwegs war, um Kühe auf der entfernten Weide zu melken. Sie war vollkommen außer sich und zerrte mich ein Stück weiter zu dem Graben, wo sie den Verunglückten entdeckt hatte. Er lag unmittelbar bei den zwei Sühnekreuzen, die dort seit langem stehen. Einem gedrungenen schweren Steinkreuz in der Form des Denkendorfer Klosterkreuzes mit dem doppelten Querbalken, dem rechts und links je ein Arm abgeschlagen ist, und einem zweiten daneben. Vor Zeiten müssen sie von Schuldigen errichtet worden sein, um Sühne zu leisten für Verbrechen, die sie begangen haben. Und exakt an dieser Stelle, gleich neben dem Denkendorfer Kreuz, hatte es den Mann aus Ihrem Seminar hingeschlagen. Sein Gesicht ruhte auf der Erde, und einen Arm hatte er über den unteren Kreuzbalken geworfen, als wolle er den Stein umschlingen und festhalten."

„Merkwürdig", sagte Wirsching, „das Sühnekreuz war ihm bekannt, wir sind dran vorbeigelaufen kürzlich bei einer Wanderung über die Filder nach Plochingen hinunter. Und wir sind sogar stehen geblieben an der Stelle. Haben das Mahnmal betrachtet und Vermutungen angestellt, was es mit dem Kloster zu tun habe und wer dieser Mensch gewesen sein könnte, der da gefehlt und gelitten und gesühnt hatte. Ein Zufall war es bestimmt nicht, dass Seibold an dieser Stelle gefunden wurde. Dort hat er hingewollt aus irgendeinem Grund, den wir nicht kennen. Das war der Zielpunkt seiner plötzlichen Flucht."

Der Patient erholte sich unvermutet rasch. Dem Arzt war es gelungen, das Fieber zu senken, und als Seibold aufwachte, schaute er sich verstört um, seufzte und legte beide Handflächen auf sein Gesicht. Noch Stunden danach sprach er kein Wort.

Zu Beginn der neuen Woche kehrte die Normalität zurück ins Lehrerseminar, die Unterrichtsstunden und Tagzeiten wurden eingehalten, und um die Wochenmitte saß auch Seibold wieder an seinem Platz bei Tisch und im Lehrsaal. Der Anstaltsleiter hatte den Studierenden aufgegeben, mit Seibold nicht anders umzugehen als früher, ihn nicht zu bedrängen mit Fragen und ihm auch nicht aus dem Weg zu gehen. Dem merkwürdigen Zwischenfall sollte einfach kein besonderes Gewicht beigelegt werden. So könne man am ehesten hoffen, dass der Patient, der ja noch der Schonung bedürfe, in Reih und Glied zurückfinde. Schmidt gebrauchte diese militärische Wendung und ärgerte sich, dass sie ihm unterlaufen war.

Wirsching konnte den Aufschrieb nicht vergessen, den Seibold in seinem Schreibheft hinterlassen hatte: WER SOLL DAS AUSHALTEN? Wenn man diese Frage, die ihm wie ein Verzweiflungsschrei erschienen war, in Verbindung brachte mit dem Fundort des Geflüchteten am Sühnekreuz, dann war zu vermuten, dass Seibold nicht nur von Ängsten heimgesucht, sondern mehr noch von heftigen Schuldgefühlen geplagt war. Es empfahl sich jedoch nicht, ihn in dieser Richtung anzusprechen. Der erste Schritt zu einer Selbstoffenbarung musste schon von ihm selber kommen. Aber es war vielleicht möglich, ihn so zu begleiten, dass er es wagte, diesen Schritt zu tun.

Vom Seminarchor hielt Seibold sich fern, vorläufig. Wirsching wusste, dass er eine beachtliche Tenorstimme besaß, und er hätte ihn gern als Chormitglied geworben. Immerhin hatte er ihm eine Geige ausgehändigt und Übungsstunden angeboten, die er unentgeltlich in Anspruch nehmen dürfe. Seibold hatte gedankt, war auf das Angebot des Lehrers aber nicht eingegangen. Zu seiner Genugtuung erfuhr Wirsching allerdings, dass Seibold gelegentlich – und zwar zu später Stunde – volkstümliche Melodien auf seiner Violine spielte.

Nach dem Sonntagsgottesdienst versammelte der Musiklehrer seine Schüler im Kapitelsaal, um mit ihnen ein Projekt zu besprechen, das ihm im Kopf herumgehe. Es handle sich um ein Schauspiel. Und wem dieser Ausdruck ein wenig zu hoch gegriffen erscheine, der könne ebenso von einem szenischen Spiel reden. Das Wort Laienspiel möge er nicht. Also: szenisches Spiel. Mit festgelegtem Text, mit Darstellern (auch männlichen für weibliche Rollen, das entspreche klassischen Regeln fürs Theater), mit Kulissen und am liebsten auch mit musikalischer Begleitung.

Anschließend, im Kapitelsaal, wurde Wirsching präziser.

„Die Idee kam mir in Stuttgart", sagte er, in ruhigen Schritten vor seinen Hörern auf und ab gehend. „In Stuttgart am 24. Juni dieses Jahres. Vor wenig Wochen also. Da fand die Einweihung eines bedeutenden Denkmals statt, Sie werden davon gehört und mancher wird es vielleicht schon in Augenschein genommen haben. Das Standbild zum Andenken an die Reformation vor vierhundert Jahren. 1517 und 1917! Es hat einen langen Vorlauf gebraucht, bis der Entwurf feststand und der Auftrag an Jakob Brüllmann vergeben war. Jahre vor dem Krieg hatte man bereits angefangen damit. Und das war im Blick auf Gestaltung und Botschaft des Denkmals ein unvorhersehbares Glück. Denn es hat nun im Ergebnis überhaupt nichts Kriegerisches an sich, keine Spur von Heldenverehrung, von dramatisch stilisierten religiösen Führergestalten. So mächtig das Gesamtbild erscheint, so wenig wird es von Hochmut gezeichnet. Eher geht ein Geist demütiger Selbstbescheidung aus davon. Eine Rarität in unserer Zeit. –

Also: Am Sonntag, 24. Juni, fand die Enthüllung statt auf dem Platz vor der Hospitalkirche. Das Denkmal hatte man zwischen Hauptportal und Turm platziert, und da stand es nun, und aller Augen richteten sich auf die drei beherrschenden Figuren, die aus Crailsheimer Muschelkalk gemeißelt wurden: oben in der Mitte der triumphierende Christus, die Siegesfahne in der Hand. Zu seiner Rechten, von der Betrachterseite her auf der Linken, der Reformator Württembergs Johannes Brenz. Ihm gegenüber Martin Luther. Der Sockel des auferstandenen Christus trägt die Inschrift: ‚Ich bin der Weg und die Wahrheit und das Leben. Niemand kommt zum Vater denn durch mich.' Dies markiert überhaupt das geistliche und das optische Zentrum. Und ganz im Sinne dieses Zentrums geraten Brenz und Luther aus der Mitte heraus an die Flanken. Brenz sitzt da, mit allen Anzeichen nachdenklichen Studiums, die aufgeschlagene Bibel, in deren Lektüre er vertieft ist, auf den Knien. Luther besetzt die andere Seite, ebenfalls mit der Bibel im Schoß, aber den Kopf erhoben, als wende er sein Gesicht einer aufgehenden Sonne zu. Das Ganze hat mich überzeugt und beeindruckt, weil es gleichsam die evangelische Kraft in der Stille versammelt. Wohltuend. Da ist keine Pose. Kein Hauch von falschem Heroismus. Sondern ein einziger, mehrstimmiger Verweis auf das Zentrum christlichen Glaubens: den Christus in der Mitte sowie das Buch, das von ihm Zeugnis ablegt. Verherrlicht werden nicht die deutsche Reformation und die Größen, die sie in Gang brachten. Verherrlicht wird bloß die offenbar gewordene Wahrheit über den Christus Gottes. Das hat mir gefallen. –

Es konnte freilich nicht ausbleiben, dass bei der Feier auch eine gewisse national getönte Begleitmusik serviert wurde, aber sie fiel, angesichts der gegebenen Zeitumstände, doch ziemlich gedämpft aus. Ich schreibe das dem Charakter des Denkmals zu, das jeden lauten Propagandatusch verbietet. Theodor Haering trat mit eigenen Versen hervor:

,Um uns her in Todesbangen
bebt die Welt; in wilden Wettern
ging ein Erdentag zu Grab,
und die Seele sorgt und sehnet,
sonnedürstend, ungeduldig:
Will das Dunkel nimmer enden?
Dämmert nie der neue Tag?'"

Wirsching wandte sich dem Fenster zu und blickte hinunter ins Tal.

„Bei dieser Gelegenheit also kam mir die Idee", fuhr er fort, vom Fenster zurückgekehrt und an sein Pult gelehnt. „Die Idee zu einem Reformationsspiel. Einem, das dem Geist verpflichtet ist, dem ich beim Denkmal an der Stuttgarter Hospitalkirche begegnet bin. Ein paar Szenen habe ich bereits in der Schublade. Für andere gibt es Skizzen. Wir könnten mit diesem Spiel einen Akzent setzen bei den Jahrhundertfeiern zur Reformation im Herbst. Viel Zeit bleibt uns nicht, und wir sind im Grunde schon viel zu spät dran. Aber wenn wir uns ins Zeug legen, kann es gelingen. Dann ziehen wir mit der Sache nach Stuttgart und führen sie auf – am liebsten in der Hospitalkirche selber. Die Theatergruppe der Präparandenanstalt vom Kloster Denkendorf gibt sich die Ehre...

Sieben Darsteller brauche ich für das Spiel, dazu einen Haufen von Technikern, Bastlern, Malern und Transporteuren von Kulissen und Requisiten, eine bunte Theatergruppe eben."

Die Resonanz im Raum war ermutigend. Das Projekt fand Zustimmung. Einige meldeten sich, die für Schreinerarbeiten und Kulissenmalerei zur Verfügung stehen wollten. Einer erklärte, er sei in der Lage, mit großflächigen Blechplatten einen enormen Donner zu erzeugen. Große Heiterkeit. Ob es Gelegenheit zu donnern geben werde, sei ja nicht ausgemacht, rief jemand. Da sei er aber ganz anderer Ansicht, erwiderte der Donnerer. Schließlich werde es der Herr Wirsching doch nicht versäumen, das Gewitter von Stotternheim auf die Bühne zu bringen.

Wirsching lachte und winkte ab. Wichtiger sei es im Augenblick, den Stab der Darsteller zusammenzubringen. Da heiße es: auswendig lernen und proben! Eine Aufgabe, die anstrengend sei und Zeit beanspruche. Aber der Lohn sei auch nicht zu verachten. Aus Begeisterung werde das Publikum Palmen unter ihre Füße breiten und Lorbeer auf ihre Häupter pflanzen. Und überhaupt: Für angehende Lehrer seien persönliche Erfahrungen in der Schauspielkunst von unschätzbarem Wert. Ein Lehrer, der mit seiner Schulklasse das darstellende Spiel pflege, sei weitaus wirksamer als einer, der bloß auf dem Katheder sitze, um mit strenger Miene auswendig Gelerntes abzuhören. – Deshalb: Er empfehle Mut zum Risiko. Die Rollen von Luther und Melanchthon und dem sächsischen Kurfürsten sowie von Katharina, von Luthers Eltern und von einem Ablasskrämer seien zu besetzen. Im Augenblick wolle er gar nicht fragen, wer dazu bereit sei. Freiwillige möchten sich bei ihm melden, gern zu jeder Tages- und Nachtzeit.

Als Seibold vorsprach, hatte sich die Geschichte bereits erledigt. Das Jubiläum war zusehends dabei, in den Strudeln des Kriegsgeschehens zu versinken. In Berlin hatte man, den Aufbau und die Kampfkraft der Marine maßlos überschätzend, einen unbeschränkten U-Boot-Krieg ausgerufen und damit Verheerendes angezettelt. Denn jetzt griffen die Vereinigten Staaten in den europäischen Krieg ein. Zum Elend auf den Flächen der Normandie und in Flandern würde ein Elend auf den Weltmeeren hinzukommen. Mars hatte alle Freiheiten, sich auszutoben. Wenn er einmal Blut geleckt hatte, wollte er immer mehr davon. Die deutschen Kommandostellen hielten sich an Parolen zum Durchhalten, und in der Heimat fing man an, Verlustrechnungen aufzumachen. Von der möglichen Niederlage zu reden, vermied man jedoch. Keiner mochte als Defätist dastehen. Doch die Zuversicht, dass der Krieg ein günstiges und vor allem baldiges Ende nehmen könne, bröckelte.

Entsprechend wurden alle Pläne für ein großes internationales Protestantentreffen zusammengefaltet und in geduldigen Aktenordnern verstaut. Es war nicht die Zeit zum Feiern – und ökumenisch schon gar nicht. Der für Wittenberg zum 31. Oktober vorgesehene zentrale Festakt wurde erst einmal verschoben. Mal hieß es aufs Jahr 1918, wenn man die Feiern zur Reformation mit Siegesfeiern über die europäischen Gegner verknüpfen könnte. Dann wieder war von 1921 die Rede, wo Luthers Auftritt vor dem Reichstag in Worms vor vierhundert Jahren eine prominente Gelegenheit bot. Der Kaiser, der mit seiner Präsenz in der Öffentlichkeit ohnehin immer mehr hinter Ludendorff und Hindenburg zurücktrat, hatte zu erkennen gegeben, dass er an keiner protestantischen Gedenkfeier teilnehmen werde. Die Maschinerie der Vorbereitungen wurde überall gedrosselt, das Programm drastisch heruntergefahren. Abgesehen von lokalen Vortragsveranstaltungen und Gottesdiensten sollte sich nichts ereignen. Wirsching sagte: „Die Luft ist raus, meine Herren! Wir können unser Projekt begraben."

Er sagte es, nachdem Seibold ihn aufgesucht hatte an einem Nachmittag im späten August. Zaghaft war der eingetreten in sein Dienstzimmer und hatte sich erkennbar geniert, mit der Sprache herauszurücken. Er wand sich und vermied es, Wirsching anzusehen, bis er sich plötzlich einen Ruck gab und losplatzte: „Ich möchte den Luther spielen!"

Ausgerechnet den Luther! Den er noch kürzlich mit ätzenden Worten verurteilt und mitverantwortlich für den gegenwärtigen Wahnsinn auf den Kriegsschauplätzen gemacht hatte. Wirsching staunte und mochte es nicht glauben. Er lehnte sich auf seinem Stuhl zurück und fragte gedehnt: „Im Ernst, Seibold, den Luther?"

Seibold wich einen Schritt zurück: „Sie müssen sagen, ob Sie mir's zutrauen. Oder ob ein anderer besser taugt für die Rolle."

„Nicht das", warf Wirsching ein wenig ärgerlich ein. „Nicht dass ich Bedenken hätte im Blick auf Ihre Schauspielkunst. Warum auch? Aber dass Sie sich einlassen möchten auf Luther, wundert mich. Nach allem, was Sie mir dazu erzählt haben, Sie werden sich erinnern."

„Inzwischen hab ich ja Ihren Spieltext gelesen. Da treffe ich auf einen Luther, den ich verstehen kann. Nicht mögen unbedingt, aber verstehen. Einer, der sich eine Menge abverlangt und dann auch in die Knie geht dabei. Der kämpfen will und seine Schwächen spürt. Der's Gott im Himmel recht machen möchte und den Attacken des Teufels ausgesetzt ist. Dieser Luther ist kein Monument zum Bewundern, er steht neben mir, sozusagen. Ich kenne ihn."

Wirsching rieb sich das Kinn und holte tief Atem: „Seibold, Sie ahnen gar nicht, wie mich das freut, was Sie da sagen. Natürlich schmeichelt es jedem Autor, der Freundliches zu hören bekommt über seinen Text. Klar! Aber mehr freut mich noch Ihre Bereitschaft, in unserem Stück den Luther zu spielen. Und die Gründe, die Sie dazu bewogen haben." Er machte eine Pause und rückte Gegenstände auf seiner Tischplatte zurecht. „Nur", setzte er neu ein und fasste seinen Besucher fest ins Auge, „nach Rücksprache mit unserem Institutsleiter wird es nichts werden mit unserem Theater. Leider."

Seibold reagierte gar nicht. „Das hat übergeordnete Ursachen", beeilte Wirsching sich nachzuschieben, „man hat höheren Orts beschlossen, die Reformationsfeiern abzublasen. Es heißt, weil der Krieg keine großartigen Feste zulasse. Wenn Sie mich fragen: Es geschieht mehr aus purer Verlegenheit. Die lauten Heldengedichte, die man 1914 auf Luther gesungen hat, bleiben jetzt den meisten im Halse stecken. Man droht zu ersticken daran. Und wie sollte man nun den Schwenk zu einer anderen Art des Luthergedenkens vollziehen? In herber Kritik an dem, was man unlängst mit religiösem Getöse unters Volk gebracht hatte? Nein, das geht wohl nicht. Jedenfalls im Augenblick noch nicht. Deshalb müssen wir unser Spiel abbrechen, bevor es richtig angefangen hat. Es vielleicht vertagen auf nächstes Jahr, wer weiß. Es tut mir leid, Seibold. Leid für Sie, wirklich, glauben Sie mir."

Seibold nickte kurz: „Verstehe. Wenn ich mich einmischen will irgendwo, geht's ganz bestimmt daneben." Er machte auf dem Absatz kehrt und stürmte aus dem Zimmer.

Es gehörte zu den Prinzipien des Unterrichts, den Gustav Wirsching in eigener Verantwortung organisierte, dass er dazu anleitete, Entdeckungen zu machen und das Entdeckte in gemeinsamen Studien auszuwerten. Deshalb verlegte er einen Großteil seiner pädagogischen Veranstaltungen ins Freie. Er wanderte gern und lud die ‚Semmis' zu Exkursionen in die Umgebung ein. Mal ging's ins nahe Körschtal hinunter, um Käfer, Schmetterlinge und allerlei Pflanzen zu sammeln und nachher zu bestimmen. Auf exakte Beschreibung, nach Möglichkeit auch kolorierte Zeichnung der einzelnen Exemplare legte er Wert und konnte missmutig werden, wenn einer schludrig arbeitete und sich vor der Anstrengung genauer Beobachtung drückte. Alles Lernen fängt an mit der Lust zu sehen, erklärte er. Und das Sehen fängt an bei der Kunst zu unterscheiden. Wer nichts unterscheidet, dem wird alles gleich und rasch auch alles egal. Er ist selber langweilig und kann nichts als Langeweile um sich verbreiten. Und ist so einer obendrein Lehrer, dann tötet er ab, was in den Kindern aufblühen und wachsen möchte.

Wirsching führte seine Gruppe zu den Resten eines römischen Kohortenkastells bei Köngen, das auf einem Plateau über dem Neckar gelegen und einmal zur Kontrolle der Talwege errichtet worden war. Die quadratische Ummauerung war noch festzustellen, dazu einzelne Straßenzüge, die man seit Ende des 18. Jahrhunderts begonnen hatte auszugraben, und die Esslinger Altertumsfreunde, anschließend der Schwäbische Albverein hatten sich um die Rekonstruktion einer Lagerecke mit Wehrturm verdient gemacht. Das war erst vor wenigen Jahren geschehen. Wirsching erklärte die Grundrisse des Lagers mit dem, was man sehen oder ahnen konnte, und empfahl den Einsatz von Geometrie und Phantasie für das, was unter der Erde verborgen blieb oder mit der Zeit zerstört worden war. Daheim im Kloster sollte jeder den Versuch machen, ein Modell des Lagers zu zeichnen, das der ursprünglichen Anlage auch in den Details nahe kam.

An den Albtrauf zogen sie, bestückt mit Hammer und Meißel sowie mit Tragetaschen für das Material, das sie finden würden. In Steinbrüchen und bei Hangabstürzen pflügten sie mit bloßen Händen den Schutt des Kalkgesteins durch, wendeten kleine Platten und klopften mit dem Hammer verheißungsvolle Brocken auf. Nicht jeder Griff verspricht einen Ammonit, sagte Wirsching, denn es verhält sich hier wie bei der Schatzsuche: Man braucht ein scharfes Auge und Intuition dazu und man braucht Geduld. Und wenn dann jemand tatsächlich ein versteinertes Schneckenhaus oder das Filigran eines Urzeitfarns gefunden hatte, war der allgemeine Jubel groß und der Finder ein Glückspilz und gefeierter Experte.

Auch hinauf auf die Alb stieg Wirsching mit seinen Leuten, zu dem kleinen Ochsenwang, das sich in eine Mulde duckte und Eduard Mörike als Vikar beherbergt hatte. Das winzige Schulhaus, in dem er auf der oberen Etage gewohnt und den Unterricht des Dorflehrers im Parterre beaufsichtigt hatte, stand ebenso wie das Kirchlein gegenüber, das auch in einem respektablen Märchengarten seinen Platz hätte haben können. Mörike zu Ehren wurden ein paar Gedichte rezitiert und Vertonungen gesungen, und dann spazierte man hinüber zum Breitenstein, jener markanten Felsformation, zu welcher der Dichter von seinem Kammerfenster hinüberschaute, wenn's Abend wurde. Die kühnsten traten vor bis hart an den Rand, von dem der Fels senkrecht abstürzt, und alle genossen den weiten Blick ins Land bis zum Schurwald hinüber. Zur Rechten ragten die Kaiserberge auf, der Hohenstaufen, der Rechberg und der Stuifen, und linker Hand grüßte die Teck und im Hintergrund der Hohenneuffen. Wenn wir Zeit hätten, bemerkte Wirsching, könnten wir noch hinüber zum Heidengraben, dem Gelände einer alten Keltensiedlung, wo man die Reste von Wällen und Wehranlagen erkennt, die die Siedlung zur offenen Albhochfläche hin absicherten. Aber das verschieben wir lieber und nehmen uns für dieses Ziel Grabungsgeräte mit. Vielleicht kommen uns ja Fragmente eines

Halsrings aus Bronze oder sogar eine Gewandfibel oder der eiserne Nagel aus einer keltischen Radachse unter.

Oberstes Gebot aller pädagogischen Bemühungen war nicht das Wissen nach Wirschings Auffassung. Es war das Erleben. Die Qualität eines Erlebens, das Einsichten mit sich brachte. „Man muss schöne Erinnerungen schaffen", betonte er. Denn in den schönen Erinnerungen offenbart sich der Wert des Lebens und sein Sinn. Und Wichtigeres zu erfahren und zu lernen als dies, kann es nicht geben.

Seibold hörte solche Botschaften mit wacher Aufmerksamkeit und beteiligte sich an den Exkursionen mit der inneren Bereitschaft, kleine, aber bedeutsame Entdeckungen zu machen. Er bewunderte seinen Lehrer und merkte, wie der dabei war, ihm eine ganze Welt neu zu erschließen. Und mit dieser Welt auch eine Möglichkeit zu leben. Die Alpträume des Nachts blieben nicht aus deswegen und die trüben Stimmungen, die ihn tagsüber befallen und niederdrücken konnten, auch nicht. Dann verkroch er sich irgendwo und wusste, dass es ihm schadete. Nähere Freundschaften im Seminar gelangen ihm nicht und vor einer Freundschaft mit dem Lehrer Wirsching, nach der er sich eigentlich sehnte, scheute er zurück. Es erschien ihm unerträglich, vielleicht von ihm abgewiesen zu werden.

Zur Schulung der Beobachtungsgabe hatte Wirsching seinen Seminaristen aufgetragen, im Klosterbereich herumzugehen und sich einen bestimmten Ort, einen charakteristischen Gegenstand auszuwählen. Bei dem sollten sie verweilen und eine möglichst genaue Skizze anfertigen. Das Ergebnis werde er sich anschauen und bewerten.

Später sammelte er die Blätter ein. Einer hatte mit dünnen Bleistiftstrichen unscheinbare Formen gezeichnet, ein anderer mit Tusche dick aufgetragen. Den Turmaufsatz zur Klosterkirche wählten einige als Motiv, auch den Brunnen im Kreuzgarten oder ein Stimmungsbild vom Teich.

Seibold brachte ein Kreuz. Das traditionelle Doppelkreuz vom Kloster, wie man es über dem Eingang zur Vorhalle antrifft und bei Schlusssteinen im Gewölbe. Es war massiv und vollkommen schwarz. Und es gab offensichtlich keinen Bestandteil im sakralen Bauwerk wieder, denn es steckte ein wenig eingesunken im Erdreich, umgeben von einer rechteckigen Umrandung. Wie auf einem Grab, dachte Wirsching. Und erst als ihm dieser Gedanke kam, fiel ihm auf, dass die Arme des Kreuzes zur Hälfte ausgebrochen waren. Das gab es nirgendwo im Kloster. Aber genau so war es bei dem Sühnekreuz bei Köngen, wo man den geflüchteten Seibold aufgefunden hatte. Also noch einmal dieses Sühnekreuz. Und es wurde ihm jetzt wie eine stumme Aufforderung zugespielt, mit der leicht durchschaubaren Absicht, dass der Lehrer sich zu der Skizze äußern solle. Nicht allein zur Qualität der Darstellung vermutlich, sondern zur Wahl des Motivs.

Dem Lehrer war rasch bewusst, dass seine Reaktion auf diese Zeichnung nicht beiläufig erfolgen konnte. Auch nicht im Beisein anderer. Seibold hatte ihm eine wichtige Seite aufgeschlagen im Buch seines jungen Lebens und er war anscheinend auch darauf aus, den zugehörigen Text nachzuliefern. Wirsching brauchte im Grunde nicht mehr zu tun, als eine Gelegenheit zu besorgen dafür und ein aufmerksames Ohr mitzubringen.

Die Gelegenheit ergab sich bereits am selben Abend nach dem Essen. Die dichte Bewölkung des Nachmittags hatte sich aufgelöst, und eine freundliche Abendsonne lockte zu einem Spaziergang übers Feld. Wirsching hatte seinen grünen Hut aufgesetzt und einen beschnitzten Wanderstab in die Hand genommen, als er Seibold im Hof entgegentrat und ansprach. Er beabsichtige einen Gang hinauf zum Erlachsee, sagte er, und allein mache es keinen rechten Spaß. Ob er mitkomme? Seibold zögerte kurz, als ginge ihm plötzlich auf, was von diesem Weg mit seinem Lehrer zu erwarten sei, entschloss sich dann jedoch und bat nur um die Erlaubnis, sich eine Jacke aus dem Spind zu holen.

Dann wanderten sie. Wirsching mit dem Stab, den er mit Nachdruck aufsetzte, Seibold daneben, die Hände tief in den Hosentaschen, als müsse er sie verstecken. Schweigend gingen sie miteinander. Die Sonne stand ihnen entgegen und wärmte fühlbar noch am Abend dieses frühen Herbsttages. In den Radspuren schwerer Fuhrwerke hatten sich Pfützen gebildet von Regenfällen des Nachmittags. Daraus glitzerte es ihnen entgegen. „Gegensätze, die ineinander spielen", bemerkte Wirsching, „in Schmutzlöchern funkeln die Edelsteine." Und dann, nach einer kurzen Pause: „Da wird es gar nicht so einfach zu sagen, was schmutzig und was rein ist."

Er blieb auf einmal stehen, wandte sich seinem Begleiter zu und fragte: „Seibold, was ist das mit dem Kreuz? Sie haben es gezeichnet, und an der Art, wie Sie's gezeichnet haben, war leicht zu erkennen, dass es sich nicht um ein Doppelkreuz im Klosterbereich handelt, sondern um das Sühnekreuz bei Köngen."

„Ja, das stimmt", erwiderte Seibold.

„Wir waren einmal mit der ganzen Gruppe dort, und Sie waren ein weiteres Mal allein oben."

„Ja."

„Warum? Es war jedenfalls kein Zufall, dass Sie sich dorthin aufgemacht hatten."

„Nein, war es nicht."

„Was hat Sie dann dorthin getrieben?"

Seibold antwortete nicht sofort. Er zog eine Hand aus der Tasche, wischte damit über Stirn und Mund und setzte sich langsam wieder in Bewegung. Gut, dachte der Lehrer, es mag sich leichter reden, wenn man Seite an Seite geht, als wenn man frontal voreinander steht.

Seibold begann stockend, mit leiser Stimme: „Da war einer, stell ich mir vor, der in Not gewesen ist. In innerer Not, die ihn vielleicht krank gemacht hat. Und auch getrieben mag er gewesen sein, bös und schonungslos getrieben von außen. Von denen, die gern Richter sind und noch lieber Henker. Von den Gerechten. Wer weiß, was sie ihm alles vorgeworfen und hinterher gerufen haben. Es gibt ja Schmährufe, die wehtun wie Steine, die geschleudert wurden und treffen. Aber mehr noch tut weh, was brennen kann in einem, der sich schuldig fühlt. Wegen etwas, das er getan hat und das er nie wieder gut machen kann. Vielleicht hat man den Menschen bei Köngen gezwungen, das Sühnekreuz hinaufzuschleppen an den Feldrain und es dort aufzurichten. Vielleicht tat er's auch aus freien Stücken. Und ich frag mich, seit ich's gesehen habe beim ersten Mal: Hat es ihn wohl erleichtert von der Last, die auf ihm lag?"

Seibold verstummte, schritt aber weiter voran. Der Lehrer beschränkte sich darauf, mit seinem Stock ein paar Strohhalme vom Weg zu fegen.

„Sühnekreuze finden sich da und dort im Land", setzte er ein, „und jedes hat seine eigene Geschichte. Seine tragische Geschichte. Und tragisch vor allem deshalb, weil Menschen dort unerbittlich festsaßen zwischen den Mahlsteinen von Strafe und Sühne. Es ist immer dieselbe Bewegung: Schuld verlangt Strafe, und Strafe verlangt Sühne. Und ich glaube nicht, dass Sühne tatsächlich Erleichterung schafft. Auch keine Sühne, die mit der Aufrichtung eines Steinkreuzes erfolgt.

"Hoffnung also nicht einmal da!", warf Seibold bitter ein.

„Nicht einmal da!", wiederholte Wirsching. „Mensch, Seibold, es ist doch kurios mit uns Menschen. Da lernen wir einen Katechismus auswendig und lesen die Bibel und feiern Abendmahl, und wenn's drauf ankommt, ist alles wie weggeblasen. Worte und Gesten, die nichts weiter zu bedeuten haben, wie's scheint. Und wenn du in ein Loch hineingestolpert bist, wo's kein Licht und keinen Ausgang gibt, dann fängst du selber an zu graben und zu wühlen, statt die Strickleiter zu ergreifen, die von oben heruntergelassen wird. Sühne ist doch nicht das, was dem Schuldigen ewig verordnet bleibt. Sie ist das, was ihm abgenommen wird. Längst abgenommen wurde! Wir sollten uns nicht bloß für ein bis zwei Stunden am Karfreitag erinnern daran. Und Luther, über den Sie inzwischen ja wohlwollender denken, hat das immer betont: Wen der Christus von allen Lasten frei macht, der ist frei! Und dessen Leben kann leicht werden."

Nun ist's aber auch genug mit der Predigt, dachte Wirsching für sich und wartete ab, wie Seibold reagieren würde. Der aber lief stumm neben ihm. Und der Lehrer rechnete mit der Möglichkeit, dass sein junger Wandergenosse mit seinen Gedanken überhaupt woanders war. Er entschied sich deshalb, die direkte Anfrage zu riskieren: „Sagen Sie, Seibold, woran denken Sie?"

Seibold zuckte kurz, hatte sich dann aber im Griff und fing an zu erzählen:

„Wie's an der Front zugeht, muss ich Ihnen nicht sagen. Sie waren selber dabei. Und doch erlebt's jeder auf andere Weise, denke ich. Bei mir war der Schwung vom Anfang schnell dahin. Die Blasmusik auf dem Bahnsteig, die Mädchen mit ihren Blumensträußen, meine Hochstimmung war rasch verflogen, als die ersten Granaten krachten und man auf allen Vieren durch den Dreck kroch. Und dann kam die Angst. Wie eine Infektion, langsam, aber unaufhaltsam. Ich habe mich geschämt wegen der Angst. Ich habe sie zu ersticken versucht durch Ablenkungen aller Art. Sie fraß sich weiter und tiefer in mich hinein. Und ich wollte und durfte mir doch nichts anmerken lassen. Nicht den Hasenfuß geben, der zum Gespött der ganzen Kompanie wird.

Verborgen blieb's trotzdem nicht, natürlich. Helmut war ein rauer Bursche aus dem Kohlenpott, muskelbepackt und ewig grinsend. Der hatte seinen Platz auf der Pritsche neben mir und auch im Unterstand. Helmut wusste Bescheid und ließ es mich spüren. Wenn du zitterst wie ein Lämmerschwanz, triffst du kein Scheunentor mit deiner Kanone, raunte er mir zu, als wir vom Graben aus anlegten auf den Feind. Und dazu grinste er breit. Aber er verpfiff mich nicht. Machte mich nicht zum Schlappschwanz vor den Augen anderer. Es schien ihm Spaß zu machen, meine Angstzustände zu kennen, aber seine Kenntnisse nicht zu verbreiten. Ich mochte ihn nicht deswegen, und er war trotzdem auf seine Weise ein Freund.

Eines Tages, zur Zeit der Abenddämmerung, sollten vier Mann aus unserer Stellung eine riskante Operation durchführen. Es ging darum, einen Bauernhof im Niemandsland zwischen den Fronten zu erkunden und festzustellen, ob es möglich wäre, mit einem Ausfall den Hof zu nehmen und die eigenen Linien bis dort voranzurücken. Der Hof war ruiniert durch wiederholten Beschuss, aber die Grundmauern standen noch. Zu den Leuten, die ausgesucht wurden zu dieser Aktion, gehörte ich. Aber ich rückte nicht aus. Der Mann aus dem Ruhrpott stellte sich hin und erklärte, er werde statt meiner die Sache übernehmen. Dem befehlshabenden Unteroffizier war's egal, und er fragte nicht einmal, weshalb der Kamerad sich freiwillig nach vorn dränge. Helmut zwinkerte mir zu, als er die Stellung verließ. Gesagt hatte er nichts und auch keine flapsige Anspielung gemacht.

Drei der vier kehrten nach einer guten Stunde zurück. Sie waren ins Schussfeld einer gegnerischen Patrouille geraten, und Helmut hatte es erwischt. Er war sofort tot. Da sie verfolgt wurden, konnten sie ihn nicht mitnehmen. Es hätte ohnehin keinen Sinn gehabt.

Mir war, als hätte ich den Mann eigenhändig umgebracht. Gerade den, der für mich eingestanden war und der nicht gezögert hatte, eine brenzlige Aufgabe, die mir zugedacht war, wie selbstverständlich zu übernehmen. Ich verfiel in eine Art Weinkrampf, und darin versammelte sich der ganze Schrecken und die Verzweiflung, die mich erfüllten. Er war tot, und ich lebte.“

Sie hatten inzwischen die Höhe des Erlachsees erreicht und umrundeten das Gewässer.

„Sie fühlen sich schuldig deswegen“, sagte Wirsching.

„Schuldig und schäbig“, stieß Seibold hervor. „Hätte ich's geschafft, meine Angst besser zu kontrollieren, wäre das eben nicht passiert. Der Mann hätte nicht diese Anwandlung bekommen, für mich einzutreten und eine mögliche Blamage zu verhindern. Er war ein Raubein und hat nicht lange überlegt, wie er sich verhalten sollte. Im Grunde hätte er sich überhaupt nicht zu verhalten brauchen. Hätte einfach stumm in seiner Ecke bleiben können. Aber er ist aufgestanden und hat sich in die Bresche geworfen. Ohne jede Erklärung. Und nur seinem Augenzwinkern konnte ich entnehmen, dass er's nicht für sich, sondern allein für mich tat.“

„Sie trifft keine Schuld“, sagte Wirsching leise, „Sie haben ja nichts unternommen, was den Mann in Lebensgefahr bringen konnte.“

„Nichts hab ich unternommen, genau das ist es doch!“, rief Seibold, „ich hätte widersprechen, auf Einhaltung des ergangenen Befehls dringen müssen. Das wäre meine Soldatenpflicht gewesen und meine menschliche überhaupt. Es gab Kumpel in der Truppe, die deutlich durchblicken ließen, was sie nun von mir hielten. Sie vermieden es, mir ins Gesicht zu sehen. Schlimmer war, dass ich mich selbst nicht mehr ansehen mochte im Spiegel.“

„Und weiter?“, fragte Wirsching.

„Ja, weiter", sagte Seibold. Er machte auf einmal den Eindruck, erschöpft zu sein. „Es war merkwürdig, aber die Angst wich von mir wie ein Fieber, das seinen Gipfel überschritten hat und abflaut und verschwindet. Ich tat meinen Dienst, mit und ohne Waffe. Und eigentlich drängte es mich zur Waffe und zum Gefecht, mit einer Art von verzweifelter Entschlossenheit, das Schicksal herauszufordern, das mich vorher so unglaublich begünstigt und so furchtbar beschämt hatte. Ich stürzte mich in den Kampf, und es war bloß eine Frage der Zeit, wann ich getroffen würde. Lang brauchte ich nicht zu warten darauf. Eine Kugel durchschlug meine Brust und warf mich zu Boden. Aber sie war nicht tödlich. Sie hatte das Herz verfehlt. Ich konnte mich aufsammeln und davontragen lassen. Danach war der Krieg zu Ende für mich, nicht aber die Scham und die Folter des Schuldgefühls."

Auf dem Heimweg hatten sie die untergehende Sonne im Rücken, die ihre wandernden Schatten auf den Weg warf. Wie lange sie nachwirken, die Verwundungen aus dem Krieg, dachte Wirsching. Körperliche Wunden heilen meist, aber es braucht Zeit dazu. Seelische Wunden brechen immer wieder auf, eitern und schmerzen. Man kommt ihnen nicht bei mit Salben und Verbänden. Und doch können auch Heilungsprozesse in der Seele voranschreiten, und bei Michel Seibold ist es, wenn nicht alles täuscht, der Fall. Dass er mir erzählen kann, was ihn belastet, ist ein gutes Zeichen. Und dass er Freude zu empfinden vermag bei der Botanik und bei der Musik, macht mir Hoffnung. Niemand wird ausradieren können, was sich in seine Seele gebrannt hat. Doch andere Regionen seiner Seele berühren und reizen auf ihre Empfänglichkeit hin, das können wir. Und das lässt er auch geschehen.

Sie sprachen nicht, bis sie den Wiesenhang erreichten, der zur alten Klostermauer hinabführt. Aber ihr Schweigen war kein Ausdruck von Verlegenheit, sondern von Einverständnis. Als sie den Klosterhof betraten, sagte Wirsching: „Danke, Seibold, ich weiß es zu schätzen, dass Sie mich ins Vertrauen gezogen haben." „Und ich bin dankbar, dass ich einen Lehrer finden konnte wie Sie", sagte Seibold. „Außerdem tut es mir gut, in diesem alten Kloster zu leben und zu lernen. Schade bloß, dass es mit Ihrem Stück über Luther und seine Reformation nichts werden soll. Und dass man überhaupt so verlegen ist wegen der Feierlichkeiten zum Jubiläum. Sie hätten einem anderen Geist Ehre erweisen können als dem, der uns auf die Schlachtfelder getrieben hat."

Im Kreuzgang trafen sie einen einsamen Geiger. Er hatte sich im Winkel, auf den die beiden Gewölbegänge zuliefen, auf einem Stuhl niedergelassen und schien versunken in sein Spiel. Erst vor wenigen Tagen war er eingetroffen im Seminar. Ein junger Kriegsversehrter, dem man einen Unterschenkel amputiert hatte. Die Krücken lehnten an der Wand.

„Was spielt er?", flüsterte Seibold.

„Ein Agnus Dei", erwiderte Wirsching. „Agnus Dei, qui tollis peccata mundi – dona nobis pacem!"

"Ich kann kein Latein", sagte Seibold.

Wirsching übersetzte: „Du Lamm Gottes, das alle Schuld der Welt trägt – gib uns Frieden!"

NACHWORT

Historische Informationen, die in den Erzählungen verarbeitet wurden, verdanke ich einschlägigen Darstellungen der verschiedenen Epochen. Hervorheben möchte ich folgende Titel:

Zu 1517: Aufbrüche

Leicht zugänglich und immer noch grundlegend für eine Übersicht der Klostergeschichte Denkendorf ist: *Heinrich Werner*: Kloster Denkendorf. Ein Gang durch seine Bauten und seine Geschichte, 5. neu bearbeitete Aufl. 2003. – Umfassend über das Kanonikerstift zum Heiligen Grab in Denkendorf handelt *Kaspar Elm*: St. Pelagius in Denkendorf. Die älteste deutsche Propstei des Kapitels vom Heiligen Grab in Geschichte und Geschichtsschreibung, in: Landesgeschichte und Geistesgeschichte, hg. von *Kaspar Elm u. a.*, Stuttgart 1977, S. 77–130; dsb: Kanoniker und Ritter vom Heiligen Grab. Ein Beitrag zur Entstehung und Frühgeschichte der palästinensischen Ritterorden, in: Die geistlichen Ritterorden Europas, Sigmaringen, S. 141–169. – Im Jahr 2000 hielt Kaspar Elm in der Denkendorfer Klosterkirche einen Vortrag zum Thema: St. Pelagius in Denkendorf – eine Tochter Jerusalems. Der Vortrag wurde abgedruckt in den ‚Denkendorfer Schriften 2‘, 2002, S.29–42. – Anlässe und Methoden des Ablasshandels schildern Werke zur Reformationsgeschichte und zu Luthers Leben, namentlich genannt sei: *Martin Brecht*: Martin Luther. Sein Weg zur Reformation 1483–1521, Stuttgart 1981. – Quellentexte zu den Anfängen der Reformationsbewegung bringt *Reiner Strunk*: Die Reformation, in der Reihe ‚Tempora.‘ Quellen zur Geschichte und Politik, Stuttgart 1983 ff. – Detaillierte Auskünfte, die württembergische Kirchengeschichte betreffend, liefert von der Reformationszeit angefangen: *Heinrich Hermelink*: Geschichte der evangelischen Kirche in Württemberg von der Reformation bis zur Gegenwart. Das Reich Gottes in Württemberg, Stuttgart/ Tübingen 1949.

Zu 1617: Hexenjagd

Nachweislich fand ein Hexenprozess in Denkendorf 1672 statt. – Über den spektakulären Prozess gegen Johannes Keplers Mutter vgl. *Berthold Sutter*: Der Hexenprozess gegen Katharina Kepler, 2. Aufl. 1984; *Renate Dürr*: Nonne, Magd oder Ratsfrau. Frauenleben in Leonberg aus vier Jahrhunderten. Beiträge zur Stadtgeschichte 6, 1998; sowie *Katja Doubek*: Katharina Kepler – Die Hexenjagd auf die Mutter des großen Astronomen, 2004. – Den Stuttgarter Hofpoeten *Georg Rudolf Weckherlin*, der 1618 seine ,Oden und Gesänge' herausgab, lässt *Günter Grass* in seiner Erzählung ,Das Treffen in Telgte' im Kreis barocker Poeten auftreten, die bei einem Dichterkonvent die Friedensverhandlungen in Münster 1648 begleiten. – Eine ausführliche, besonders die zeitgenössischen Flugschriften beachtende Untersuchung zum Reformationsjubiläum 1617 liefert *Thomas Kaufmann*: Reformationsgedenken in der Frühen Neuzeit. Bemerkungen zum 16. bis 18. Jahrhundert, in: Zeitschrift für Theologie und Kirche (ZThK) 107/2010, S. 285–324.

Zu 1717: Riesen und Zwerge

Zu *Johann Albrecht Bengel* und *August Hermann Franckes* Besuch in Denkendorf informiert ausführlich *Gottfried Mälzer*: Johann Albrecht Bengel. Leben und Werk, Stuttgart 1970. – Komprimiert und in Einzelheiten, z. B. Bengels Frau Johanna Regina betreffend, auch mit neuen Hinweisen versehen: *Martin H. Jung*: ,Ein Prophet bin ich nicht...' Johann Albrecht Bengel. Theologe. Lehrer. Pietist, Stuttgart 2002.

Bei dem Denkendorfer Klosterbarbier *Johann Jakob Fröschlen* ist auch Friedrich Schillers Vater *Johann Kaspar Schiller* in die Lehre gegangen. – Über das Reformationsjubiläum 1717 in Denkendorf gibt es briefliche Notizen bei *Johann Albrecht Bengel*: Briefwechsel. Briefe 1707–1722, hg. von *Dieter Ising*, 2008 – Weitere Untersuchungen zum Jubiläumsjahr 1717: Hans-Jürgen Schönstädt: Das Reformationsjubiläum 1717. Beiträge zur Geschichte seiner Entstehung im Spiegel landeskirchlicher *Verordnungen*, ZKG 93/1982, S. 58–118; außerdem *Harm Cordes*: Hilaria evangelica academica. Das Reformationsjubiläum von 1717 an den deutschen lutherischen Universitäten, Göttingen 2006.

Zu 1817: Luther Deutsch

Nachrichten über die Feiern zum Reformationsjubiläum 1817 bei *Lutz Winkler: Martin Luther als Bürger und Patriot. Das Reformationsjubiläum von 1817 und der politische Protestantismus des Wartburgfestes,* 1969. – Dazu *Hans Wolter: Das Reformationsjubiläum von 1817 in der Freien Stadt Frankfurt am Main,* ZKG 93/1982, S. 161 ff. – *Wichmann von Meding: Jubel ohne Glauben? Das Reformationsjubiläum 1817 in Württemberg,* ZKG 93/1982, S. 119 ff. –

Der Denkendorfer Zimmermann *Jakob Fetzer* hat an fünf Feldzügen mit und gegen Napoleon teilgenommen und später eine Ehrenmedaille dafür erhalten, vgl. in ,*Heimatbuch Gemeinde Denkendorf*'. Geschichte des Ortes und der Gemeinde, hg. von *Hermann Bitterle,* 1971, S. 122 f.

Zu 1917: Heimatschuss

Darstellungen zur Geschichte des Ersten Weltkriegs füllen Bibliotheken. Allein die Debatten um die sog. Kriegsschuldfrage halten unter Historikern an bis in die Gegenwart.

Insbesondere kirchliche Positionen zum Kriegsausbruch halten fest: *Wolfgang Tilgner: Volk, Nation und Vaterland im protestantischen Denken zwischen Kaiserreich und Nationalsozialismus,* in: *Horst Zilleßen* (Hg): *Volk – Nation – Vaterland. Der deutsche Protestantismus und der Nationalismus,* 1970, S. 135-171; sowie *Günter Brakelmann: Der deutsche Protestantismus im Epochenjahr 1917,* 1974. – Über Stil und Tendenz evangelischer Predigt zum Kriegsbeginn liefert eine gute Übersicht und viele Beispiele *Reinhart Müller: Wie Gott zum Deutschen wurde. Evangelische Kriegspredigten 1914 und die Ulmer Garnison,* 2011. – Die Einweihung des Reformationsdenkmals an der Stuttgarter Hospitalkirche dokumentiert *Johannes Merz: Das württembergische Reformationsdenkmal Jakob Brüllmanns in Stuttgart,* 1917. – Und speziell zum Jubiläumsdatum berichtet *Gottfried Maron: Luther 1917. Beobachtungen zur Literatur des 400. Reformationsjubiläums,* in: ZKG 93/1982, S. 177 ff. – Von der Verschiebung der Jubiläumsfeiern und deren Gestaltung 1921 in Worms handelt *Dorothea Wendebourg: Das Reformationsjubiläum von 1921,* in: ZThK 110/2013, S. 316–361. – Lokale Verhältnisse im Kloster Denkendorf um die Jahrhundertwende

schildert *Fritz Alexander Kauffmann* in seinem biographischen Roman
‚Leonhard‘, 1985. An den Lehrer Gustav Wirsching, der von 1915–1921
an der Denkendorfer Präparandenanstalt tätig war und später zum
Gründer und Leiter des ‚Stuttgarter Singkreises‘ wurde, erinnert die
Broschüre: *Gustav Wirsching 1895–1961*, die mir durch Rolf Deuschle
vom Denkendorfer Heimatmuseum zugänglich gemacht wurde.
Karl Götz, der schwäbische Erzähler, der als Lehramtsanwärter um
1917 am Denkendorfer Seminar war, hat Erinnerungen an Gustav
Wirsching festgehalten in seinem Buch: ‚Am hellen Mittag. Frohe
Jugend in einer ernsten Zeit‘, 1975.

Die Deutsche Bibliothek verzeichnet diese Publikation in der
Deutschen Nationalbibliografie; detaillierte bibliografische Daten
sind im Internet über http://dnb.ddb.de abrufbar.

© 2015, Verlag und Buchhandlung der Evangelischen
Gesellschaft GmbH, Stuttgart
Augustenstraße 124, 70197 Stuttgart, Telefon 07 11/60 10 00,
Fax 6 01 00 76, www.verlag-eva.de

Gestaltung und Satz: Cornelia Fritsch, Gerlingen
Lektorat: Andrea Scholz-Rieker, Herrenberg
Druck: CPI books GmbH, Leck
Titelfoto: Edeltraud Hemminger, Lichtenwald
ISBN 978–3-945369-19-7